Martin Palmer

Taoismus

Edition Roter Löwe

Der rote Löwe verkörpert die belebende, antreibende Energie von Sulfur, einem der Grundelemente im alchimistischen Transmutationsprozeß. Sulfur ist die Kraft, die verändert, veredelt und auf eine höhere Ebene bringt. Ziel dieser Edition ist es, esoterisches Wissen und Erkenntnisse aus der transpersonalen Psychologie verständlich und komprimiert darzustellen und damit ganz persönliche Wandlungsprozesse in Gang zu bringen. Alle Bücher enthalten Übungen und Anleitungen für die praktische Arbeit.

In derselben Reihe:

Alchimie
Buddhismus
Die Chakras
Die Göttin
Der Gral
Die Kabbala
Naturmagie
Pendeln
Psychosynthese
Ritualmagie
Die Runen
Sufi-Praxis
Tarot
Visualisieren
Zen

Martin Palmer

Taoismus

Edition Roter Löwe im
AURUM VERLAG · BRAUNSCHWEIG

Die englische Originalausgabe erschien 1991 unter dem Titel »The Elements of Taoism« im Verlag Element Books, Longmead, Shaftesbury, Dorset.

Ins Deutsche übersetzt von Helmut Degner.

Gesamtgestaltung: Sabine Schönauer-Kornek
Titelillustration: Farbige Specksteinplastik, China 17. Jh., Staatliches Museum für Völkerkunde Dresden, Kat.-Nr. 23032, Foto: Eva Winkler, Dresden.

Die Deutsche Bibliothek – CIP-Einheitsaufnahme

Palmer, Martin:
Taoismus / Martin Palmer. [Ins Dt. übers. von Helmut Degner]. – Braunschweig: Aurum-Verl., 1993
(Edition Roter Löwe)
Einheitssacht.: The elements of Taoism <dt.>
ISBN 3-591-08341-0

1994
ISBN 3-591-08341-0

Gesamtherstellung:
Chemnitzer Verlag und Druck GmbH, Werk Zwickau

Inhalt

Ich widme dieses Buch mit Liebe und
Dankbarkeit Janet Fischer für all das,
was sie in mein Leben gebracht hat,
und für all das, was noch kommen wird.

Der Weg des Tao

In einer kleinen Gasse still und bescheiden
lebte ein Weiser, mußte Hunger fast leiden,
doch schienen ihm auch Armut und Elend beschieden,
war er stets glücklich und zufrieden.

Dieser Vers, die 63. Weissagung des unsterblichen Wong Tai Sin, sagt alles über das Wesen eines taoistischen Weisen aus. Das Äußerliche ist nichts – alles ist innerlich. Der taoistische Weise verachtet, was die Menschen für wertvoll halten; er blickt nach innen und findet in sich den ganzen Kosmos und den Sinn des Lebens. Blickt er nach außen, so sieht der Weise eine durch Streben und Kämpfen zerrissene Welt.

Diese Vorstellung vom zurückgezogenen Weisen spielt im Taoismus eine große Rolle; ebenso die Idee der Unsterblichkeit. Die taoistische Idee der Unsterblichkeit ist nicht nur ein spirituelles Konzept. Unsterblichkeit wird durch Verwandlung des ganzen Körpers in einen ewigen Träger der Seele erlangt.

Der Glaube oder die Philosophie des Taoismus ist nicht leicht zu verstehen. Das geht bereits aus dem ersten Vers des *Tao te king* hervor, des großen Klassikers des frühen Taoismus (fünftes bis viertes Jahrhundert v. Chr.):

Der SINN (das Tao), der sich aussprechen läßt,
ist nicht der ewige SINN.
Der Name der sich nennen läßt,
ist nicht der ewige Name.
(*Tao te king*, 1. Kapitel)

Dschuang Dsi, ein taoistischer Philosoph, der im vierten Jahrhundert lebte, weist ebenfalls deutlich darauf hin:

Der große SINN bedarf nicht der Bezeichnung; großer Beweis bedarf nicht der Worte; große Liebe ist nicht liebevoll; große Reinheit ist nicht wählerisch; großer Mut ist nicht tollkühn. Ist der SINN gleißend, so ist es nicht der SINN.
(*Dschuang Dsi,* Buch II)

Ein taoistischer Weiser mußte damit rechnen, erst nach vielen Jahren des Studiums einen Schimmer von Verständnis zu erhaschen. Der oben erwähnte Wong Tai Sin verbrachte vierzig Jahre damit, in Abgeschiedenheit zu studieren, ein schwerer Weg, über den Liä Dsi, einer der größten Philosophen des frühen Taoismus, sagt:

Yang Dschu sprach: Die höchste Grenze menschlichen Lebens sind hundert Jahre. Hundert Jahre erreicht unter Tausenden nicht einer. Doch nehmen wir an, es gebe so einen: Die Zeit seiner Kindheit und Unreife und die des gebrechlichen Alters nimmt etwa die Hälfte davon ein; davon nimmt die Zeit, die man nachts im Schlafe verbringt und die tags im Wachen ungenutzt verstreicht, wieder etwa die Hälfte weg; Schmerzen und Krankheit, Trauer und Verdruß, Verlust und Mißerfolg, Kummer und Sorgen nehmen von dem Rest wieder etwa die Hälfte weg. Innerhalb der übrigbleibenden Zahl von etwa zehn Jahren kommt auf die Zeit, in der man vollkommen frei sich selbst genießt, ungetrübt von jeglicher Spur sorgender Gedanken, kaum einer Stunde Spanne. In eines Menschen Leben, was bleibt da also noch an Freuden übrig? Es bleibt Genuß, es bleibt die Schönheit der Töne und Farben; doch des Genußes kann man sich auch nicht dauernd ungetrübt erfreuen, an Tönen und Farben kann man sich auch nicht dauernd ungetrübt ergötzen; dazu kommen noch die Überredungen und Einschränkungen von Lohn und Strafe, die hemmenden und treibenden Einflüsse von Namen und Vorbildern. In rastloser Hast streitet man um eitles Lob während der Spanne Zeit, um nach dem Tode überflüssige Verherrlichung zu erreichen. Nutzlos zügelt man Ohren und Augen und achtet auf Recht und Unrecht der Triebe des Leibes. So bringt man sich umsonst um den höchsten Genuß der Gegenwart und ist auch nicht der einen Stunde freier Herr. Wodurch unterscheidet sich ein solches Leben noch von den Ketten und Fesseln eines schweren Verbrechers?

(*Liä Dsi,* VII, 2)

Um zu sehen, wie die Weisen des Taoismus die Frage nach dem Sinn des Lebens beantworten, müssen wir uns der Kosmologie des Tao zuwenden.

Das höchste Letzte

Im 42. Kapitel des *Tao te king* heißt es, daß das Tao der Quell allen Seins ist:

> Der SINN (das Tao) erzeugt Eins.
> Die Eins erzeugt die Zwei.
> Die Zwei erzeugt die Drei.
> Die Drei erzeugt alle Dinge.

Tao wird oft mit »Der Weg« übersetzt, was der tieferen kosmologischen Bedeutung dieses Begriffs nicht gerecht wird. In den Worten von Weisen wie Laotse, Dschuang Dsi oder Liä Dsi manifestiert es sich tatsächlich als ein Weg oder Pfad, doch der Taoismus lehrt, daß es mehr als das ist. Tao ist der Urquell von allem, der Ursprung vor dem Ursprung, das Unerschaffene, das alles erschafft. Das *Tao te king* bringt dies klar zum Ausdruck. Im 32. Kapitel heißt es, daß es »namenlose Einfalt« ist. Es ist die Kraft hinter der Kraft, und es fließt durch die Welt wie ein Strom, der dem Meer, seinem Ursprung, zustrebt. Dschuang Dsi sagt:

Das ist der SINN: Er ist gütig und treu, aber er äußert sich nicht in Handlungen und hat keine äußere Gestalt; man kann ihn mitteilen, aber man kann ihn nicht fassen; man kann ihn erlangen, aber man kann ihn nicht sehen; er ist unerzeugt sich selber Wurzel. Ehe Himmel und Erde waren, bestand er von Ewigkeit; Geistern und Göttern verleiht er Geist; Himmel und Erde hat er erzeugt.

(*Dschuang Dsi,* Buch VI)

Für Taoisten ist das Tao das höchste Letzte, das sogar jenseits von Einheit und Einssein liegt. Es läßt sich sprachlich nicht erfassen, worauf Dschuang Dsi immer wieder hinweist. Deshalb sollten wir uns seinen sichtbaren Aspekten zuwenden, der Einheit und den Wechselbeziehungen allen Lebens und der Art und Weise, auf die das Tao wirkt und sowohl die materiellen als auch die spirituellen Welten erschafft.

Wir müssen die Ansicht aufgeben, daß das Tao in irgendeinem Sinn ein schöpferischer Gott ist. Im späteren Taoismus wurden die Drei Reinen des Taoismus zu symbolischen Personifikationen dieser taoistischen Prinzipien, doch sie stellten eher Wegweiser als Schöpfer dar (siehe S. 153). Das Tao erschafft einfach dadurch, daß es das innere Wesen aller Dinge ist. Es hat nicht die Absicht zu »erschaffen«, sondern die Dinge entstehen infolge des Tao. Im *Tao te king* wird dies der »natürliche Weg« genannt. Kuo Hsiang, der große Kommentator des Neotaoismus, hat es so ausgedrückt:

Doch laßt uns fragen, ob es einen Schöpfer gibt oder nicht. Wenn nicht, wie kann er dann Dinge erschaffen? Wenn es einen gibt, dann ist er fähig, alle die Formen hervorzubringen. Deshalb müssen wir, bevor wir über Schöpfung sprechen können, begreifen, daß sich alle Formen von selbst materialisieren. Wenn wir den gesamten Bereich des Existenten erforschen, sehen wir, daß sich nichts, nicht einmal der Halbschatten, jenseits der Welt der Phänomene nicht verwandelt. Also erschafft sich alles selbst ohne Lenkung durch irgendeinen Schöpfer. Da die Dinge sich selbst erschaffen, sind sie nicht bedingt. Dies ist die Norm des Universums.

(Kommentar zu Dschuang Dsi, zitiert in Bary: *Sources of Chinese Tradition.*)

In der liturgischen Schrift »Ling-pao der fünf Talismane« wird die Wirkung des Tao wie folgt beschrieben:

Die sichtbare Welt wurde erschaffen.
Die Kräfte von Feuer und Wasser,
Leben und Tod,
die Myriaden Kalpas
und das Licht des uranfänglichen Yang wurden hervorgebracht.
Die zwei Prinzipien von Yin und Yang
schufen aus ihnen die drei Reiche.
Die heiligen Weisen stiegen über sie auf
und erlangten Einheit mit dem Transzendenten.
Die fünf heiligen Berggipfel enthalten sie
und sind dadurch von spiritueller Kraft erfüllt.
Alle Dinge, in denen sie sind, enthalten den Lebensatem (Ch'i).

(*Wu-shang Pi-yao,* 24. Kapitel, zitiert in Saso: *The Teachings of Taoist Master Chuang.*)

Der obige Text veranschaulicht, wie das Tao auf das Wesen aller Dinge einwirkt, doch ohne Vorsatz und Absicht. Dies ist die berühmte Haltung des Nicht-Tuns (*Wu-wei,* siehe S. 16). Die Einheit von allem im Tao bedeutet, daß in jedem Tun, das natürlich ist, also unvorbedacht und frei von Absicht, das Tao wirksam ist. Im menschlichen Bereich ist nach dem *Tao te king* ein Herrscher weise, wenn er so regiert, daß das Volk nicht merkt, daß es von ihm regiert wird, und glaubt, daß alles auf natürliche Weise geschieht.

Wenn der weise Herrscher natürlich – in der Haltung des Nicht-Eingreifens in den Lauf der Dinge – handelt und dem Weg folgt, ist er in Harmonie mit seinem eigenen Wesen, dem Tao jenseits der Einheit. Ist er in Harmonie und dadurch in der Einheit, so drücken alle seine Handlungen diese Einheit aus und fördern sie. Dies ist der tiefere Sinn der Idee, daß das Tao die Eins erzeugt.

Daß »die Eins die Zwei erzeugt«, wurde bereits in dem angeführten Zitat aus dem *Wu-Shang Pi-yao* erwähnt. Die Zwei repräsentiert die polaren Kräfte des Yin und Yang. Diese Kräfte sind vollkommene Gegensätze: schwarz und weiß, männlich und weiblich, heiß und kalt. Sie repräsentieren alles, was ist und sein kann, doch in Gegensätzen. Durch ihren ewigen Kampf, der kein Kampf zwischen Göttern, sondern zwischen Naturkräften ist, erzeugen sie die Energie (Ch'i), welche die Schöpfung bewirkt und alle Erscheinungen hervorbringt. Sie sind keine Kräfte der Harmonie, als die sie im Westen oft dargestellt werden. Sie führen einen Kampf auf Leben und Tod, den keine gewinnen kann, denn sobald eine ihre höchste Ausbildung erreicht, schlägt sie in ihre polare Entsprechung um. Deshalb sind die beiden Kräfte im Yin-Yang-Symbol in enger Umschlingung dargestellt, und jede enthält die andere in Form eines Punktes in ihrer Mitte. Im *Dschuang Dsi* heißt es über diese Kräfte und ihre Wirkungen:

Einzelwissen fragte: »Was ist … die Ursache für das Dasein der gesamten räumlichen Welt?«

Überblick sprach: »Sonne und Mond (Yang und Yin) bestrahlen einander. Die vier Jahreszeiten ersetzen einander, erzeugen einander, vernichten einander.«

(*Dschuang Dsi*, Buch XXV)

Alle Dinge entstehen durch das Wechselspiel der zwei polaren Kräfte Yin und Yang. Doch was bedeutet »Die Zwei erzeugen die Drei?« Drei ist die Triade Himmel, Erde und Mensch, in der sich alles Lebendige konkret manifestiert. Das *Tao te king* (25. Kapitel) sagt darüber:

So ist der SINN (das Tao) groß, der Himmel groß,
die Erde groß, und auch der Mensch groß.
Vier Große gibt es im Raume,
und der Mensch ist auch darunter.
Der Mensch richtet sich nach der Erde.
Die Erde richtet sich nach dem Himmel.
Der Himmel richtet sich nach dem SINN.
Der SINN richtet sich nach sich selber.

Liä Dsi sagt es ausführlicher:

Himmel und Erde sind nicht vollkommen, der berufene Mensch ist nicht allmächtig, und die Geschöpfe sind nicht durchaus verwendbar. Denn des Himmels Funktion ist, zu zeugen und zu schirmen, der Erde Funktion ist, zu gestalten und zu tragen, der Berufenen Funktion ist, zu lehren und umzugestalten, der Geschöpfe Funktion ist, ihrer Art zu entsprechen.

(*Liä Dsi*, Buch I)

Gemäß dem Taoismus entstehen am Ende dieser kosmologischen Entwicklung alle lebendigen Dinge. Dies ist die Bedeutung der Zeile »Die Drei erzeugt alle Dinge«. So gelangt der Taoist zum höchsten Letzten, indem er zurückgeht. Genau dies geschieht in einem taoistischen Ritual, der »Liturgie der Erneuerung des Kosmos« (siehe S. 166ff.).

Man könnte meinen, damit sei die ganze taoistische Kosmologie dargestellt. Es gibt jedoch noch eine wichtigere Erkenntnis, mit der wir uns beschäftigen müssen, denn auf ihr beruht die ganze taoistische Einstellung zur Unsterblichkeit, zur Medizin, zur Kunst und zu dem Rätsel, wer wir sind. Die Antwort ergibt sich aus der Frage: »Was ist der Sinn des Lebens?« Dschuang Dsi dazu:

Himmel und Erde entstehen mit mir zugleich, und alle Dinge sind mit mir eins.

(*Dschuang Dsi*, Buch II)

Durch das Tao sind alle Dinge miteinander verbunden. Deshalb ist der Mikrokosmos des Universums in uns, und in letzter Konsequenz ist jeder von uns in jedem anderen. Dieses Einssein von allem im Tao und durch das Tao ist das Fundament des Taoismus, sowohl seiner frühesten Formen als auch der eher religiösen Glaubenssysteme und Praktiken, die sich aus ihm entwickelten.

Sprache und Bedeutung

Bevor wir uns den verschiedenen Wegen des Taoismus zuwenden, müssen wir uns mit dem Problem der Sprache und ihrer Bedeutung im Taoismus beschäftigen. Im Grunde leugnet der Taoismus die Gültigkeit der Sprache. Im *Dschuang Dsi* finden wir viele Beispiele für die Unzulänglichkeit der Sprache wie auch des Wissens. Hier zwei der berühmtesten Kommentare dazu:

Dem SINN darf man kein So-Sein zuschreiben, das So-Sein darf man nicht als Nicht-So-Sein (reines Sein) bezeichnen.

SINN ist einfach eine Bezeichnung, die in übertragener Weise gebraucht wird ... Der SINN ist Grenzbegriff der dinglichen Welt. Reden und Schweigen reicht nicht aus, um ihn zu erfassen. Jenseits vom Reden, jenseits vom Schweigen (liegt sein Erleben), denn alles Denken hat Grenzen.
(*Dschuang Dsi,* Buch XXV)

Einst träumte Dschuang Dschou (Dschuang Dsi), daß er ein Schmetterling sei, ein flatternder Schmetterling, der sich wohl und glücklich fühlte und nichts wußte von Dschuang Dschou. Plötzlich wachte er auf: Da war er wieder wirklich und wahrhaftig Dschuang Dschou. Nun weiß ich nicht, ob Dschuang Dschou geträumt hat, daß er ein Schmetterling sei, oder ob der Schmetterling geträumt hat, daß er Dschuang Dschou sei, obwohl doch zwischen Dschuang Dschou und dem Schmetterling sicher ein Unterschied ist. (*Dschuang Dsi,* Buch II)

Aus diesem Grund werden im Taoismus, vor allem in seinen frühesten Formen, die in großen Büchern wie dem *Tao te king,* dem *Dschuang Dsi* und dem *Liä Dsi* zum Ausdruck kommen, sehr kryptische Begriffe und Bilder verwendet. Es wäre falsch, diese buchstäblich verstehen zu wollen (siehe S. 79). Es sind dies Versuche, sowohl Sprache als auch Metapher zu benutzen, wobei zugleich angedeutet wird, daß beides unzulänglich ist. Dies trifft besonders auf das *Dschuang Dsi* und in geringerem Maß auf das *Liä Dsi* zu. Hier wird mit humorvollen Bemerkungen und Scherzen gezeigt, wie schwach die Fähigkeit des menschlichen Geistes ist, etwas zu begreifen. Nur wenige Menschen denken bei Taoismus an Humor. Dabei ist das *Dschuang Dsi* von allen »heiligen Schriften« der Welt zweifellos die lustigste, unterhaltsamste und zugleich anregendste. Im Taoismus sind es vor allem Paradoxien, die den Leser durch die Nebeneinanderstellung extremer Gegensätze zum

Nachdenken anregen sollen. Im *Tao te king* wird dies geradezu zu einer Kunst entwickelt. Nur ein Narr würde versuchen, diese Gegensätze in Einklang zu bringen – es geht lediglich darum, unsere Vorstellung davon, was definierbar ist, zu verändern und unsere Aufgeschlossenheit für neue Ideen zu erhöhen. Wer dies nicht erkennt, begreift den herrlichen Spaß, den der Taoismus mit Worten und Bildern treibt, nicht und verfällt einer Art taoistischem Fundamentalismus. Wie auf spaßige Weise Erkenntnisse vermittelt werden können, zeigt vielleicht am besten die Geschichte von Liu Ling und seiner Hose (siehe S. 145).

Die Suche nach Einheit

Wie setzten nun die Taoisten all diese Ideen, Vorstellungen und kosmologischen Konzepte in die Praxis um? Die Antwort ist komplex und vielschichtig, und ihr ist ein großer Teil des restlichen Buches gewidmet. Doch in vereinfachter Form lautet die Antwort, daß der Taoist sich bemüht, dem Pfad oder Weg des Tao zu folgen und Einheit mit dem höchsten Tao zu erlangen. Dazu hat der Taoismus viele Methoden und Wege ersonnen, die nachstehend kurz dargestellt sind.

Wu-wei

An erster Stelle steht der Weg des Nicht-Tuns – *Wu-wei.* Dieser wird häufig als Rückzug des Taoisten aus der äußeren Welt mit all ihren Versuchungen und Illusionen dargestellt. Auf ihn wird in dem Vers von Wong Tai Sin am Anfang dieses Kapitels verwiesen, und er wird in den Geschichten der Weisen immer wieder erwähnt. Dieser Rückzug war natürlich eine Reaktion auf den falschen Weg, den die materielle Welt einschlug. Doch es wäre ein großer Irrtum anzunehmen, dies sei alles, was *Wu-wei* ausmacht. Der größte Fürsprecher des *Wu-wei* ist das *Tao te king*. Dieses ist jedoch vor allem ein Handbuch, das Anweisungen erteilt, wie ein Land regiert werden soll, wie Recht und Ordnung aufrechtzuerhalten sind, wie die Armee zu führen ist, wie man Landwirtschaft und Handel betreiben soll und so weiter. *Wu-wei* wird manchmal mit Uneigennützigkeit übersetzt, womit Handeln aus rein altruistischen Motiven gemeint ist. Dieses kommt dem, was das *Tao te king* meint, näher als das völlig passive Nicht-Tun. In vieler Hinsicht ist der Taoismus ein sehr materialistischer Glaube, abgesehen davon, daß er auf der Überzeugung beruht, das Materielle sei der spirituellen Welt untergeordnet und werde letzten Endes von dieser beherrscht. Diese Vorstellung, daß es zwei Welten gibt, ist viel älter als der Taoismus, und wir werden uns im nächsten Kapitel näher mit ihr beschäftigen. Da der Taoismus glaubt, daß diese Welt in Harmonie mit dem Tao sein kann, ist er sehr daran interessiert, daß seine Grundsätze in ihr verwirklicht werden. Um seine Überzeugungen in die Praxis umzusetzen, hat der Taoismus sogar taoistische Reiche errichtet (siehe S. 110ff.).

Das Problem des Taoismus ist, wie man in dieser Welt wahrhaft uneigennützig handeln kann. Wie soll man sich verhalten, um die Grundsätze des *Tao te king* zu verwirklichen?

Wenn wir nichts machen,
so wandelt sich von selbst das Volk.
Wenn wir die Stille lieben,
so wird das Volk von selber recht.
Wenn wir nichts unternehmen,
so wird das Volk von selber reich.
Wenn wir keine Begierden haben,
so wird das Volk von selber einfältig.
(*Tao te king*, 57. Kapitel)

Das ist es, was ein großer Teil des *Tao te king* zu beantworten versucht und was die Taoisten seit Jahrhunderten zu begreifen trachten.

Das Streben nach Unsterblichkeit

Der zweite Aspekt des Taoismus ist das Streben nach Unsterblichkeit. Wenn wir alle aus dem Tao kommen und das Tao sind, dann muß es doch möglich sein, zum Tao zu werden und ewig zu leben. Im Gegensatz zu den westlichen spirituellen Richtungen braucht man gemäß dem Taoismus für die Unsterblichkeit auch den Körper, nicht nur die Seele.

Es gab zwei Hauptmethoden, nach Unsterblichkeit zu streben. Die eine war die Innenschau, also Meditation und Reflexion, die vor allem von zurückgezogen lebenden Weisen praktiziert wurden; die andere war eine alchimistische und bestand aus Versuchen, den Körper in ein ewig existierendes Gefäß zu verwandeln.

Dieses Streben nach Unsterblichkeit führte innerhalb des Taoismus zur Entstehung Hunderter verschiedener Gruppen, die alle verschiedene Wege gingen. Mit einigen der wichtigsten werden wir uns – wie mit der ganzen Idee der Unsterblichkeit – später in diesem Buch beschäftigen. Hier sei nur zitiert, was Ko Hung, einer der bedeutendsten Alchimisten und Theoretiker des Taoismus (284–364 n. Chr.) darüber sagte:

Es ist zu hoffen, daß jene, die das Leben aufrechterhalten, eingehend lernen und das Wesentliche begreifen, daß sie alles, was es zu sehen gibt, sammeln und das Beste auswählen. Es genügt nicht, sich nur einer Sache zu widmen. Auch ist es für Menschen, die das Leben lieben, gefährlich, sich auf ihre besonderen Kenntnisse zu verlassen. Jene, die die Techniken des Klassikers der Geheimnisvollen Dame und des Klassikers der Einfachen Dame (Bücher über sexuelle

Methoden) kennen, werden sagen, daß nur die »Künste der inneren Kammer« zum Heil führen. Jene, die sich auf Atemübungen verstehen, werden sagen, daß nur die Mehrung der Lebenskraft (Ch'i) das Leben verlängern kann. Jene, die die Methode des Streckens und Beugens kennen, werden sagen, daß nur körperliche Übungen das Altern verhindern können. Und jene, die sich auf Kräuterrezepte verstehen, werden sagen, daß nur Arzneien das ewige Leben schenken. Ihr Streben nach dem Tao wird scheitern, weil sie so einseitig sind.

(*Pao-p'u Tzu,* 6:4a)

Liturgie und Ritual

Ein dritter Weg besteht in der Durchführung von Liturgien und Ritualen. Viele Liturgien, magische Praktiken und Rituale zahlreicher Schulen des Taoismus dienen dem gleichen Zweck wie die beiden vorhergehenden Methoden. Die diesen Richtungen anhängenden Taoisten streben danach, zum Kanal und Vermittler von Kräften zu werden, durch die die Welt im Gleichgewicht gehalten wird, böse Kräfte überwunden werden und das Leben verlängert und verbessert wird, indem sie sich in den Dienst der Kräfte des Kosmos stellen, der Kräfte, die dem Tao entströmen. Dies kann auf individuelle Weise geschehen, indem durch ein Ritual eine tote Seele in die rechte Beziehung zum Tao gebracht wird oder indem man durch Kanalisierung des Tao die Welt zu revitalisieren versucht. Hier ein Beispiel für den ersten Fall:

Nimm Zuflucht zu den Schätzen der Meister; sie öffnen die Tür zur Verwandlung und zur Verbindung mit dem Himmel; sie sind die Hauptstützen, die Verkörperung des Tao. Es ist der Goldene Wirkliche, der die Lehre entwickelt und die goldenen Rituale offenbart hat, die vor Leid bewahren und von Unwissenheit befreien. Wir flehen dich an, dich uns zu nähern, damit wir die wundervollen Früchte unserer Lehren mit dir teilen können.

(Aus Ofuchis *Chugokujin no shukyo girei.*)

Ethik

Ein vierter Weg ist der der Ethik. Das zweite Buch, das der Taoismus traditionell Laotse, der geheimnisvollen Gestalt des frühen Taoismus, zuschreibt, ist im Grunde nicht mehr und nicht weniger als ein auf den Prinzipien des Taoismus beruhender Moralkodex. Dieses Buch, das in China viel populärer ist als das *Tao te king*, heißt *T'ai Shang Kan Ying P'ien* (»Abhandlung des Erhabenen [Laotses Titel] über Tat und Vergeltung«). Hier einige Sätze daraus, die zeigen, was gemeint ist:

Der Erhabene sagt:

Fluch und Segen kommen nicht durch Tore, sondern der Mensch selbst lädt sie ein.

Der Lohn für Gutes und Böses gleicht dem Schatten, der einen Körper begleitet, und so ist offensichtlich, daß Himmel und Erde voller Geister sind, die jedes Verbrechen erkennen.

Der rechte Weg führt vorwärts, der falsche Weg rückwärts.

Schreite auf einem schlechten Weg nicht weiter.
Sündige nicht heimlich.
Mehre deine Tugenden und Verdienste.
(Nach der englischen Übersetzung von Paul Carus.)

Mit anderen Worten: Die Wege des Taoismus sind ungeheuer mannigfaltig, komplex und faszinierend, und man kann sie bei weitem nicht alle überblicken, wenn man die Worte nur eines Weisen studiert.

Der Taoismus ist eine der größten Glaubensrichtungen der Welt, entstanden in vorgeschichtlicher Zeit. Sein Einfluß ist heute in Teilen der Welt spürbar, in denen er vor fünfzig Jahren noch völlig unbekannt war. Im Alltagsleben der Chinesen spielt er eine große Rolle. Seine Mythen und Legenden gehören zu den tiefgründigsten, komischsten und ergreifendsten der Welt. Seine philosophischen Schriften sind inspirierend, seine Liturgien und Rituale ehrfurchteinflößend. Doch im Westen ist der Taoismus kaum bekannt. Wenn wir das *Tao te king* gelesen haben, glauben wir zu wissen, was das Tao ist. Ich brauche wohl nicht zu erwähnen, was das *Tao te king* über so oberflächliches Wissen sagen würde oder wie grob sich Dschuang Dsi darüber geäußert hätte! Es ist eine Welt, die wir erforschen müssen und die sich uns nur langsam erschließen wird. Wie könnte es bei einer Glaubensrichtung, deren heilige Literatur mehr als viertausend Bücher umfaßt, anders sein? Doch die Reise, die wir angetreten haben, ist eine der faszinierendsten, die man sich denken kann.

Die Ursprünge des Taoismus

Die meisten Menschen verbinden Taoismus mit der Vorstellung von einem Weisen oder Unsterblichen, der fern von den Mühen und Plagen des Lebens hoch oben auf einem Berg sitzt – also mit der Vorstellung, der wir im ersten Kapitel so oft begegnet sind. Gewiß ist der Weise ein Element der komplexen Geschichte des Taoismus. Doch es gibt ein anderes Element, das sicher viel wichtiger ist, jenes Element, das zusammen mit Weisheit und Philosophie und dem Streben nach Unsterblichkeit und Langlebigkeit dazu beitrug, daß sich der Taoismus in seiner heutigen Form entwickelte. Dieses Element war der Grund, warum sich der Taoismus aus seinem akademischen, gelehrtenhaften Milieu löste und zu einer populären Massenreligion wurde. Seine Wurzeln reichen weit in die prähistorische Zeit Chinas zurück, in die seltsame Welt der Schamanen.

Im dritten Kapitel werden wir uns mit dem Aspekt des Taoismus beschäftigen, der aus den großartigen philosophischen Lehren und Betrachtungen der weisen Männer Chinas hervorging, mit dem Begriff des Tao und seiner Rolle im Konfuzianismus und Taoismus. Doch zweifellos hatte sich der Taoismus ohne die Einflüsse, die der Schamanismus auf ihn ausübte, nie zu einer lebendigen Religion entwickelt. Zu der Zeit, da die philosophischen Wurzeln des Taoismus entstanden, gab es, wie die Chinesen sagen, »hundert Schulen«, die miteinander konkurrierten. Die meisten sind inzwischen verschwunden und existieren nur noch in den Fußnoten der Geschichtsbücher. Es war der schamanistische Aspekt, der dem Taoismus seine Ausdauer verlieh und ihn schließlich zur Volksreligion werden ließ.

Schamanismus

Der Schamanismus wird häufig als die erste bedeutende Religion der Welt bezeichnet. Er breitete sich vor etwa achttausend Jahren von Sibirien nach China und über das Meer nach Japan und nach Südostasien aus. Über die Landbrücke wanderte er von Sibirien nach Alaska und von dort südwärts nach Nord- und Mittelamerika. Von den Anhängern, die er heute noch hat, sowie aus einigen alten Quellen wissen wir ein wenig über diese große religiöse Tradition.

Der Schamanismus basiert auf der Vorstellung, daß es zwei nebeneinander existierende, sich manchmal überschneidende, doch voneinander abgegrenzte Welten gibt: die physische Welt, in der wir leben, und die geistige Welt, in der die Mächte wohnen, welche die physische Welt lenken und beherrschen. Wir Bewohner der »niedrigen Welt« sind der geistigen Welt auf Gedeih und Verderb ausgeliefert. Wenn die in ihr wohnenden Mächte in unsere Welt eindringen, können sie uns Heilung und Krankheit, Glück oder Unglück bringen. Das Leben in der geistigen Welt gleicht dem auf der physischen Ebene – jeder Baum, jeder Fluß, jeder Fels und jedes Tier hat einen Geist. Wer diese schädigt oder beleidigt, beschwört Unheil herauf. Deshalb ist es sehr wichtig, mit der geistigen Welt zu kommunizieren, und dies ist die Aufgabe des Schamanen. Der Schamane besitzt die Fähigkeit, sich in die geistige Welt zu begeben und mit den Mächten der geistigen Welt Kontakt aufzunehmen. Dies geschieht in einem Trancezustand, in dem der Schamane mit den Geistern spricht oder die Geister durch ihn sprechen.

Solche Menschen besitzen große Macht und Autorität. In schamanistischen Kulturen wird keine wichtige Entscheidung getroffen, ohne einen Schamanen zu Rate zu ziehen. In Krankheits- oder Notfällen begibt sich der Schamane in die Geisterwelt, um die Ursache des Unglücks zu ergründen, über die er die Gemeinschaft dann informiert. Da die Schamanen der Meinung sind, daß sich alle Elemente der physischen Welt in der geistigen Welt spiegeln, tritt der Schamanismus für eine sehr achtsame und respektvolle Haltung gegenüber der Natur ein. Er will die Menschen dazu bringen, dem Weg der Natur zu folgen und ihre Kräfte und Rechte zu achten. Auf der Vorstellung von der Existenz dieser zwei Welten beruht die Auffassung, daß es ein Naturgesetz gibt, das man befolgen muß, um Not und Unglück zu vermeiden.

Das Wort Schamane entstammt der Sprache der sibirischen Tungusen, deren traditionelle Heimat sich nahe der nördlichen Grenze Chinas befindet. Zweifellos haben sich schon in sehr früher Zeit schamanistische Einflüsse nach China ausgebreitet. Alle materiellen Beweise für diese Ausbreitung sind verschwunden – oder wurden noch nicht entdeckt –, doch der schamanistische Einfluß ist in den ältesten chinesischen Mythen erkennbar, die bei den Taoisten noch heute lebendig sind.

Fu Hsi

All diesen Mythen zufolge war Fu Hsi der erste »Herrscher« Chinas und wurde von den Geistern dazu auserwählt, den Menschen die Zivilisation zu bringen. Es war Fu Hsi, der die Menschen lehrte, einen landwirtschaftlichen Kalender aufzustellen, Viehzucht und Ackerbau zu betreiben und Institutionen wie Ehe und Regierung zu begründen. Ihm wird die Erfindung der Schrift zugeschrieben. Er erfand auch die acht Trigramme. In der Großen Abhandlung zum *I Ging* heißt es darüber:

Als in der Urzeit Bau Hi (Fu Hsi) die Welt beherrschte, da blickte er empor und betrachtete die Bilder am Himmel, blickte nieder und betrachtete die Vorgänge auf Erden. Er betrachtete die Zeichnungen der Vögel und Tiere und die

Anpassungen an die Orte. Unmittelbar ging er von sich selbst aus, mittelbar ging er von den Dingen aus. So erfand er die acht Zeichen, um mit den Tugenden der lichten Götter in Verbindung zu kommen und aller Wesen Verhältnisse zu ordnen.

Die Fähigkeiten eines Schamanen beruhen darauf, daß er aufgrund seines Studiums und seiner Kenntnis der Natur imstande ist, sich mit dieser zu verbinden. Dadurch kann er mit der Geisterwelt kommunizieren und Offenbarungen über die Wahrheit des Lebens erlangen. Aus den Legenden geht hervor, daß Fu Hsi ein mächtiger Schamane war, fast eine Gründergestalt des Schamanismus. Dies wird durch einen Aspekt der Geschichten über Fu Hsi bestätigt, den spätere Autoren (vor allem in der Zeit nach Konfuzius, etwa im fünften Jahrhundert n. Chr.) vertuscht oder völlig weggelassen haben.

Häufig wird nicht erwähnt, daß Fu Hsi kein gewöhnliches menschliches Wesen war. In den meisten alten Schriften wird er als teils menschlich, teils tierisch geschildert; ebenso Nua Kua, seine Gemahlin und Nachfolgerin, und Shen-nung, der dritte dieser ersten chinesischen Herrscher. Von Fu Hsi gibt es widersprüchliche Beschreibungen. Nua Kua soll den Kopf einer Frau und den Körper einer Schlange gehabt haben, und es heißt, daß sie und Fu Hsi sich vereinigen konnten, indem sie ihre Schwänze ineinanderschlangen. Shen-nung soll den Kopf eines Ochsen gehabt haben.

Dies alles deutet darauf hin, daß es sich um Geschöpfe handelte, die, weil sie halb Tier, halb Mensch waren, die normalen Grenzen der physischen Welt überschreiten konnten. Sie haben eine bemerkenswerte Ähnlichkeit mit den mythologischen Gestalten der australischen Aborigines, welche die Verbindung zwischen der lebenspendenden geistigen und der physischen Welt symbolisieren.

Ein weiterer Hinweis darauf, daß die ersten chinesischen Kaiser mächtige Schamanen waren, sind die verschiedenen Fertigkeiten, die Fu Hsi und nach ihm Nua Kua und Shennung die Menschen lehrten. Abgesehen von den bereits erwähnten, durch Fu Hsi vermittelten Fertigkeiten waren dies die Regierungskunst, das Schmelzen und Gießen von Eisen (Nua Kua) sowie die Heilkunde und das Pflügen (Shen-nung). Diese weisen Herrscher, die etwa dreitausend Jahre vor Christus gelebt haben sollen, lehrten die Menschen die Grundfertigkeiten, die diesen Macht über ihre Umwelt verliehen, und es ist nicht erstaunlich, daß später der Glaube entstand, diese seien den Menschen von der Geisterwelt vermittelt worden. Auch in der westlichen Kultur weisen viele Sagen auf den Glauben hin, daß Eisenarbeiter und Schmiede mit guten oder bösen Geistern in Verbindung standen, von denen sie ihre Kunst lernten.

Die fünf Erhabenen Kaiser

Diesen drei seltsamen Geschöpfen, welche die Drei Erhabenen genannt werden, folgten die fünf Erhabenen Kaiser. Sie waren nicht nur Schamanen, sondern auch die ersten politischen Herrscher.

Der größte dieser Herrscher, der von den Taoisten aller Zeiten am meisten verehrt wurde, war Huang-ti, der Gelbe Kaiser. Er soll etwa 2500 v. Chr. regiert haben, und ihm werden viele große Erfindungen zugeschrieben. Er gilt als »Begründer der Gesellschaftsordnung« und soll das erste medizinische Werk Chinas geschrieben haben: »Des Gelben Kaisers klassisches Buch der Inneren Medizin«.

Wahrscheinlich ist es erst im 3. oder 2. Jh. v. Chr. entstanden, doch stützt es sich auf Theorien, die der Gelbe Kaiser entwickelt hat.

Der Gelbe Kaiser kommt in vielen Sagen vor, die meist schildern, wie er mit dem von ihm empfangenen göttlichen Wissen die verschiedensten Schwierigkeiten überwand.

Ein Beispiel dafür ist im *Ch'i Men Tun Chia* enthalten, einem Lehrbuch der Kriegsführung, das angeblich auf einem dem Gelben Kaiser eingegebenen Buch basiert.

Der Sage zufolge erhob sich ein Rebell namens Chih Yu mit einem riesigen Heer gegen den Kaiser. Chih Yu stellte für den Kaiser und die von ihm erschaffene geordnete Welt eine erste Bedrohung dar. Huang-ti (der Gelbe Kaiser) brach auf, um sich ihm entgegenzustellen, wurde aber durch Hindernisse aufgehalten. Da erschien Huang-ti eine Göttin oder ein Geist und schenkte ihm ein Buch, das ihm magische Fähigkeiten zur Kriegsführung verlieh. Die magische Kraft befähigte Huang-ti, wilde Tiere wie Tiger und Bären herbeizuzitieren, die mit ihm kämpften.

Daß in dieser Geschichte Bären vorkommen, ist ein wichtiger Hinweis. Der Bär ist das kräftigste Tier, dessen Form ein Schamane annehmen kann, und er symbolisiert die Verbindung zwischen der geistigen und der physischen Welt. Einige Kommentatoren betrachten dies als weiteren Beweis dafür, daß Huang-ti ein Schamane war.

Die Geschichten über die letzten beiden Erhabenen Kaiser enthalten kaum Hinweise darauf, daß sie Schamanen waren. Diese Herrscher sind die großen Helden der Konfuzianer, die sorgsam alles beseitigt haben, was sie als übernatürliche Wesen oder Schamanen erscheinen lassen könnte. Wir werden ihnen im nächsten Kapitel wiederbegegnen.

Wie schon früher erwähnt, war es die schamanistische Vorstellung von einem Zusammenhang zwischen den Naturgesetzen und der höchsten Kraft des Universums, die zur Entwicklung der Idee des Tao beitrug. Daß Harmonie und Ausgewogenheit in der Natur die Harmonie und Ausgewogenheit des Universums widerspiegeln, ist der Hauptgedanke sowohl des Schamanismus als auch des Taoismus. Damit verbunden ist die Überzeugung, daß Veränderungen nicht erzwungen, sondern nur offenbart oder erfahren werden können.

Der Schamane wird von den Geistern nicht beherrscht, sondern geleitet. Durch den Schamanen helfen sie den Menschen, Schäden, die sie angerichtet haben, wiedergutzumachen und so auf den rechten Weg zurückzukehren. Die Idee, mit dem Tao zu fließen, durch Anpassung zu überleben, spiegelt die schamanistische Haltung gebenüber dem Leben wider. Ein Beispiel für diese Einstellung, die sich von den ältesten Zeiten bis ins frühe zwanzigste Jahrhundert fast nicht verändert hat, war die Rolle des Kaisers als Mittler zwischen Himmel, Erde und Menschheit. Durch Erfüllung dieser Aufgabe fungierte der Kaiser für sein ganzes Volk als Schamane. Dies ist ein klassisches Beispiel für Schamanismus und für taoistisches Handeln, das dem Weg der Natur folgt und von ihm bestimmt wird.

Der Kaiser als Mittler

Allein der Kaiser konnte als Mittler zwischen Himmel, Erde und Menschen fungieren. Jedes Jahr mußte er Opfer und Gaben darbringen, um die Mächte der Natur zu beschwichtigen, die durch menschliche Handlungen während des vergangenen Jahres erzürnt worden waren. Zu diesem Zweck zog sich der Kaiser zurück und fastete drei Tage lang, bevor er die Opfer darbrachte. Während dieser Zeit war er völlig isoliert. Wenn er sich vom Palast zum Tempel des Himmels begab, mußten sich die Menschen in ihre Häuser zurückziehen, so daß die Straßen leer waren und ihn nichts von seiner Aufgabe ablenken konnte, die Opfer darzubringen und dadurch seine Ahnen, die Himmlische Regierung und den Himmel selbst gnädig zu stimmen. Außerdem mußte er dafür sorgen, daß am wichtigsten Tag des Jahres, am Tag der Wintersonnenwende, Gleichgewicht herrschte und der Wechsel von Yin zu Yang stattfinden konnte. Indem er die Opfergaben darbrachte und Menschen, Himmel und Erde in Harmonie brachte, sorgte der Kaiser dafür, daß das Yang-Prinzip wieder die Oberhand gewann, wenn nach der längsten Nacht die Tage wieder länger wurden. Nur der Kaiser selbst konnte die Rituale durchführen, die erforderlich waren, um die Geisterwelt und die materielle Welt in vollkommene Harmonie zu bringen, damit im Frühling der Zyklus der Wiedergeburt von neuem beginnen konnte. Der Kaiser verkörperte das gesamte Volk, stand zugleich jedoch über ihm.

In vorchristlichen Zeiten fand die große Mehrheit der Chinesen ihre Identität im Clan, in der Familie und in den kleinen Staaten. Sie waren fest in eine Struktur eingebunden, in der sie ihren Platz hatten, die ihrem Leben Sinn und Zweck gab. Darüber stand allein der Herrscher. Er war der einzige, der im Namen aller mit den Geistern kommunizieren konnte – genau wie der Schamane. Diese Vorstellung, daß nur der Herrscher imstande war, mit der Geisterwelt in Verbindung zu treten, daß er allein auf dem Gipfel einer Pyramide von Beziehungen stand, in der jeder seinen Platz hatte, war so stark, daß ein gebräuchlicher Titel für den Kaiser »Einsamer Herrscher« lautete.

Diese Einflüsse des Schamanismus waren nicht nur für die Entwicklung des Königstums sowie der Denkweise im alten China von großer Bedeutung, sondern auch für die Entstehung der taoistischen Lebensanschauung und des religiösen Taoismus. Im vorgeschichtlichen China gab es jedoch noch andere Elemente, durch die dieser Prozeß stark beeinflußt wurde. Dazu gehören die Magie, der Exorzismus, die Wahrsagerei und der Kalender – und zumindest auf einem Gebiet stoßen wir wieder auf die Einflüße des Schamanismus.

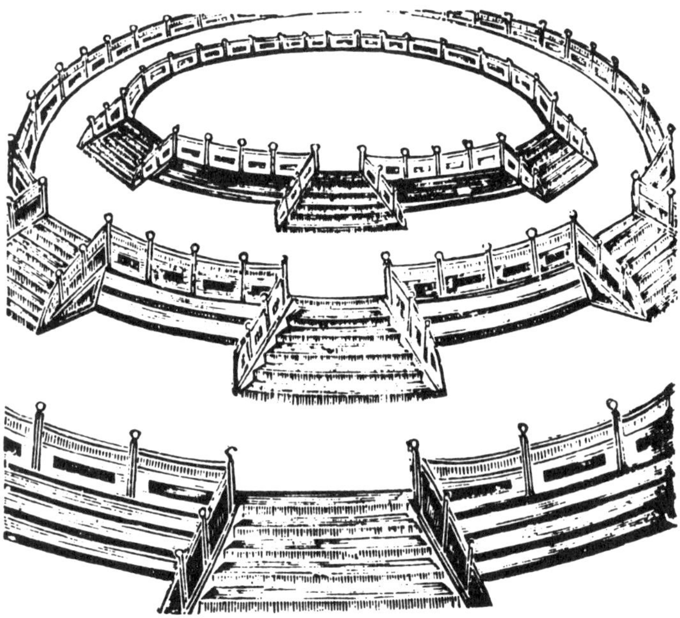

Der Altar des Himmels, vor dem der Kaiser die Menschheit repräsentierte.

Die Fang-shih

Im *Chou Li,* einem Buch über die Riten der Chou Dynastie, finden wir in einem Text, der aus dem siebten Jahrhundert stammen dürfte, eine Beschreibung des *Fang-shih,* einer Art Magier, der Exorzismen durchführte und sich, wie aus späteren Darstellungen hervorgeht, auch mit Medizin, Wahrsagerei und ähnlichen Praktiken beschäftigte. Interessant ist vor allem die Beschreibung seiner rituellen Kleidung. Wenn der *Fang-shih* Exorzismen durchführte, trug er ein Gewand aus Bärenfell. Außerdem wurden mit dem Begriff *Fang* Menschen bezeichnet, die aus abgelegenen

Teilen des »Reiches« stammten, wie aus dem Gebiet an der Grenze zu Sibirien. Dies scheint ein deutlicher Hinweis darauf zu sein, daß es sich um Schamanen handelte.

Eine ausführlichere Beschreibung dieser *Fang-shih*-Magier stammt von Ssu-ma Ch'ien, dem bedeutendsten Historiker der chinesischen Antike (145–90 v. Chr.). Seine Beschreibung trifft ziemlich genau auf eine bestimmte Art von Taoisten zu. Ssu-ma Ch'ien sagt über die *Fang-shih:* »Sung Wu-chi, Cheng-po Ch'iao, Chung Shang, Hsienmen Kao und Tsui Hou waren alle Männer des Yen, die Magie praktizierten und dem Weg der Unsterblichen folgten, indem sie ihre sterbliche Hülle ablegten und sich mit übernatürlicher Hilfe in Geisterwesen verwandelten.«

Viele dieser Praktiken – Magie, Astralwanderungen und das Streben nach Unsterblichkeit – sind bezeichnend für taoistische Weise und Lehrer. Bedeutsam ist an den *Fang-shih,* daß sie charakteristisch für ein Stadium zu sein scheinen, in dem die alten Schamanen aus den abgelegenen Teilen des Landes bei den neuen gebildeten Schichten Chinas gesellschaftliche Anerkennung erlangten, wenngleich sie später von den Konfuzianern häufig verachtet wurden. Wie wir im vierten Kapitel sehen werden, erhielten die *Fang-shih* die alten schamanistischen Ideen und Praktiken am Leben, verwandelten sie und errichteten das Fundament für den späteren Aufstieg des sogenannten »religiösen Taoismus«. Wir wissen auch, daß die Schamanen um das vierte Jahrhundert n. Chr. im Staat Chu immer noch eine wichtige Rolle spielten. Dies geht aus Sammlungen wie den »Neun Liedern« oder den »Liedern des Südens« hervor, die aus dieser Zeit stammen.

Es ist, glaube ich, an der Zeit, die Begriffe »religiöser Taoismus« und »Schule des Taoismus« zu erklären. Im Chinesischen gibt es zwei Bezeichnungen für die sehr unterschiedlichen Richtungen, in die sich der Taoismus entwickelte: *Tao Chia* und *Tao Chiao*. *Tao Chia* ist die philosophische Richtung des Taoismus, die sich auf die Werke von Laotse, Dschuang Dsi, Liä Dsi und anderen beruft. *Tao Chiao* ist der religiöse Taoismus, die mit Magie und Divination verbundene populäre Ausprägung des Taoismus, mit der wir uns im vierten Kapitel befassen werden. Beide behaupten, von Laotse begründet worden zu sein, doch wird er, wie wir sehen werden, von beiden auf sehr unterschiedliche Weise ausgelegt.

Diese Begriffe können jedoch leicht in die Irre führen. Sie wurden in späteren Zeiten eingeführt, zum Teil von Autoren, die außerhalb des Glaubens standen. Wie sich später zeigen wird, waren Laotse, Dschuang Dsi usw. keine »Taoisten« – das heißt, sie betrachteten sich keiner sogenannten Gruppe zugehörig. Sie stützten sich auf Traditionen und Ideen, die zu ihrer Zeit weit verbreitet waren, Ideen, die sie mit den Konfuzianern, mit den Schamanen, mit den Anhängern des Unsterblichkeitskults teilten. Im Lauf von Jahrhunderten jedoch entwickelte sich allmählich ein von Zeitgenossen »Taoismus« genannter Glaube, der die philosophischen, schamanistischen und andere Einflüsse in sich vereinigte. Der philosophische Taoismus gewann immer wieder zeitweise die Oberhand, zum Beispiel während seiner Renaissance im dritten und vierten Jahrhundert v. Chr. Doch inzwischen beschäftigten sich selbst die glühendsten Verfechter der taoistischen Philosophie auch mit anderen, weniger »reinen« Aspekten des Taoismus wie Alchimie oder körperlichen Übungen zur Erlangung von Langlebigkeit und Unsterblichkeit. Es gab also verschiedene Gruppen, die zur Entstehung des Taoismus beitrugen, doch kann man nicht behaupten, daß es sich um oppositionelle Richtungen handelte. Der Taoismus ist etwas viel Komplexeres. Doch kehren wir zu den Vorläufern des Taoismus zurück.

Der Schamanismus und die *Fang-shih* trugen hauptsächlich zur Entstehung eines populären Taoismus bei, doch die Grundidee des Schamanismus, daß der Mensch in harmonischer Beziehung zur Natur und zur spirituellen Welt leben muß, hatte zweifellos auch großen Einfluß auf die Entwicklung des philosophischen Taoismus.

Astrologie und Kalender

Im frühen China gab es noch ein anderes Element, das zur Entstehung der Idee vom Tao beitrug, nämlich Astrologie und Kalender.

Im Mittelpunkt des taoistischen Denkens steht die Idee, daß der Mensch im Einklang mit dem Tao sein muß. Das bedeutet, zu erkennen, daß wir nur Teil eines viel Größeren und Bedeutungsvolleren sind. Dies steht im Widerspruch zum westlichen Weltbild, das Gott als das höchste Wesen und den Menschen als das Gott am nächsten stehende Geschöpf des Universums postuliert, das der übrigen Schöpfung erst dadurch Bedeutung verleiht, daß es Gebrauch von ihr macht.

Eine der Grundlagen der chinesischen Vorstellung ist die uralte Kunst der Astrologie und des Kalendermachens. Beide beschäftigen sich mit der Beobachtung des Universums und der Natur und der Anpassung des menschlichen Verhaltens und der menschlichen Erwartungen an die höheren Gesetzmäßigkeiten. In der von den Chinesen entwickelten Astrologie geht es im Grunde um das Erkennen der vom Tao gesetzten Grenzen und um die Beschreibung des Raumes innerhalb dieser Grenzen, in dem ein Manövrieren möglich ist. Das Wichtigste ist, mit dem Tao zu »fließen«, was im *Tao te king* poetisch so ausgedrückt wird: »Was halb ist, wird ganz werden; was krumm ist, wird gerade werden.« (22. Kapitel)

In den Kalendersystemen des alten China sind bereits die frühesten Wurzeln des philosophischen Taoismus erkennbar. Das Kalendermachen ist in China eine uralte Kunst. Schon zur Zeit der Shang-Dynastie (ca. 1523–1028 v. Chr.) waren die Grundlagen des heute noch existierenden Kalendersystems bekannt. In einer der ältesten chinesischen Sagen wird geschildert, wie Kaiser Yao, einer der fünf Erhabenen Kaiser, die Anweisung zur Konstruktion des Kalenders erteilte:

Er befahl Hsis und Ho, gemäß ihren Beobachtungen des weiten Himmels ehrfurchtsvoll die Bewegungen und Erscheinungen der Sonne, des Mondes, der Sterne und die Himmelsabschnitte zu berechnen und aufzuzeichnen, damit sich das Volk nach den Jahreszeiten richten konnte.

(*Shu Ching*, 1. Teil, Buch II)

Der Kalender wurde erschaffen, damit das menschliche Leben vom Himmel gelenkt und reguliert werden konnte. Harmonie war die Grundlage des Kalenders; sie war so wichtig, daß kein offizieller Kalender ohne Zustimmung des Kaisers veröffentlicht werden durfte. Der Kaiser unterhielt ein eigenes Amt, in dem sich Kalendermacher und Astrologen nur mit dieser Arbeit beschäftigten. Im Rahmen seiner Rolle als Mittler zwischen Himmel, Erde und Menschen verteilte der Kaiser jedes Jahr Kalender an alle hohen Beamten, und diese stellten danach Richtlinien für Anbau, Ernte und andere Tätigkeiten auf und teilten sie dem Volk mit. Wenn es der Kaiser versäumte, solche klaren Anweisungen für die Befolgung der Regeln des Himmels und der Natur zu erteilen, konnte dies das Ende einer Dynastie bedeuten. Im gleichen Buch des *Shu Ching* wird berichtet, daß, als Hsis und Ho nach ein paar Jahren ihre Arbeit nicht mehr korrekt verrichteten, Chaos und Unglück über das Reich hereinbrachen. Hsis und Ho wurden gerügt, »sie hätten als erste die Vorschriften des Himmels in Unordnung gebracht«. Ein Kalender mit falschen Daten für die Ernte oder für eine Sonnen- oder Mondfinsternis galt als Grund, den Kaiser zu stürzen. Wenn die Weisungen des Himmels falsch vermittelt wurden, konnte nur der Kaiser daran schuld sein. In der ganzen chinesischen Geschichte ließ eine neue Dynastie, wenn sie an die Macht kam, einen neuen Kalender ausarbeiten, um zu zeigen, daß sie jetzt dafür zuständig war, den Menschen den Willen des Himmels mitzuteilen.

Wenn wir uns im nächsten Kapitel mit den taoistischen Philosophen beschäftigen, wird sich zeigen, daß die Absicht, die Gesetze des Himmels und der Natur zu erkennen und zu befolgen, im Mittelpunkt des Taoismus steht und das Verhalten seiner Anhänger bestimmt. Auch der Weise/Herrscher im *Tao te king* spiegelt viele der Eigenschaften, die vom Kaiser in seiner Rolle als Mittler und Kalendermacher erwartet wurden. Zumindest zum Teil basiert die taoistische Vorstellung vom weisen Herrscher als Vorbild auf dem Weg auf der kalendergebenden Funktion des Kaisers im alten China – ebenso wie auf den schamanistischen Vorstellungen des frühesten China.

Unsterblichkeit und Langlebigkeit

Schließlich gibt es ein weiteres Element, das zur Entstehung des Taoismus beitrug. Es ist schwer zu sagen, woher es stammt. Vielleicht ist es dem schamanistischen Einfluß zuzuschreiben oder dem der *Fang-shih,* von denen man weiß, daß sie sich damit beschäftigten. Es ist das Streben nach Unsterblichkeit oder Langlebigkeit. Um das fünfte Jahrhundert v. Chr. waren mit Sicherheit viele Legenden über Orte im Umlauf, an denen unsterbliche Wesen wohnten, die einem, wenn man ihnen begegnete, das Geheimnis der Unsterblichkeit verraten konnten, und im dritten Jahrhundert waren sie allgemein bekannt. Da gab es im Westen das magische Kunlun-Gebirge. Wer es erklimmen konnte, erlangte Unsterblichkeit. In der entgegengesetzten Richtung lagen im östlichen Meer die magischen Inseln P'eng-lai, Fang-hu und Ying-chou. Ssu-ma Ch'ien berichtet, daß bereits in der Mitte des vierten Jahrhunderts v. Chr. Könige Expeditionen mit dem Auftrag aussandten, diese Inseln zu suchen.

Unglücklicherweise wurden die Boote, als die Männer die Küste erreichten, vom Wind fortgetrieben. In früheren Zeiten gelang es einigen Menschen, sie zu erreichen: dort sind die Seligen zu finden und die Droge, die Unsterblichkeit verleiht; dort sind alle Dinge, alle Vögel und die vierbeinigen Tiere weiß und die Paläste aus Gold und Silber ... Es gibt nicht einen Herrscher, der nicht gern dorthin gegangen wäre.

Dies ist ein interessanter Hinweis. Ssu-ma Ch'ien sagt, daß alle Herrscher des alten China gern dorthin gegangen wären. Mit anderen Worten: Dieses Streben war mindestens seit dem fünften Jahrhundert Teil des chinesischen Glaubens. Es gehörte zu dieser Zeit nicht zu einer bestimmten Lehre oder Tradition, sondern war allgemein verbreitet. Woher es stammt, wissen wir nicht. Fest steht, daß sich das Streben nach Unsterblichkeit zu der Zeit, da der Taoismus zu einem etablierten Glaubenssystem geworden war, fest mit diesem verbunden hatte und daß selbst beiläufige oder abschätzige Bemerkungen über dieses Streben in philosophischen Schriften als chiffrierte Botschaften oder Rezepte verstanden wurden. Wir werden uns damit später eingehender befassen.

Was ließ nun diese verschiedenen Ströme zusammenfließen? Warum entstand der Taoismus und warum war der Taoismus das einzige Glaubenssystem Chinas, das die Idee des Tao – des Weges – entwickelte? Dies wollen wir im nächsten Kapitel untersuchen.

Das Tao ist älter als der Taoismus. Und dies ist kein bedeutungsschwerer Satz aus einem verlorengegangenen taoistischen Klassiker, sondern einfach die Wahrheit. Das Tao kannte und erforschte man schon lange bevor sich der Taoismus zu einer festumrissenen Philosophie oder zu einem Glauben entwickelte. Und das Tao ist nicht jenen vorbehalten, die sich als Taoisten bezeichnen oder dem Taoismus nahestehen.

Es läßt sich nicht sagen, wann das Wort *Tao* die Bedeutung angenommen hat, die es heute besitzt. Wir wissen nur, daß es sich aus sehr einfachen Ursprüngen zu dem vielschichtigen Begriff entwickelt hat, den es gegenwärtig darstellt. Betrachten wir zuerst das Schriftzeichen für *Tao.* In der chinesischen Umgangssprache hat es noch seine ursprüngliche Bedeutung und heißt Weg oder Straße. Ich habe einmal in einer Straße gewohnt, die *Tai Po Tao* hieß, was einfach »Straße nach Tai Po« bedeutet. Das Schriftzeichen ist aus zwei anderen Schriftzeichen entstanden, die »Kopf« und »gehen« bedeuten. Mit dieser Kombination wurde ein Weg oder ein Pfad bezeichnet, der zu einem anderen Ort führt, so wie meine Straße nach Tai Po.

Das Tao als spiritueller Weg

Das Wort, mit dem ursprünglich ein Weg bezeichnet wurde, nahm bald eine weitere und tiefere Bedeutung an. Die erste belegte Verwendung des Wortes in »spirituellem« oder metaphorischem Sinne findet sich im *Shu Ching,* dem

»Buch der Geschichten«, einem bekanntermaßen schwierigen Werk, das zum Teil aus der Zeit der späten Shang-Dynastie (ca. 1523–1028 v. Chr.) stammen dürfte, hauptsächlich aber Material aus der Zeit der Chou- Dynastie und der Streitenden Reiche (1028–221 v. Chr.) enthält. Es gibt jedoch vor, Dokumente aus der Zeit zwischen dem Ende des dritten Jahrtausends und dem Beginn des ersten Jahrtausends v. Chr. zu enthalten. Alle Texte aus dem *Shu Ching* müssen mit Vorsicht behandelt werden, denn es ist schwierig, genau zu sagen, wann sie geschrieben wurden. Im *Shu Ching* stoßen wir auf das Wort Tao in zwei Formen, in denen es auch in den Werken der Taoisten und Konfuzianer und in anderen sozialwissenschaftlichen, politischen und religiösen Werken vorkommt.

Das Tao als der rechte Weg

In den im *Shu Ching* enthaltenen Berichten über die Shang-Dynastie erscheint das Tao sehr oft – in seiner einfachsten Form als das Schriftzeichen *Tao*, das den rechten Lebensweg bezeichnet. So lesen wir in den *Beratungen des Großen Yü* (eines Kaisers, der um 2000 v. Chr. regiert haben soll):

Ich sehe, wie groß deine Tugendhaftigkeit ist, wie bewundernswert deine riesigen Verdienste sind. Möge die Wahl des Himmels auf dich fallen; mögest du dereinst den Thron des großen Herrschers einnehmen. Der Geist des Menschen ist ruhelos und kann leicht fehlgehen; seine Bereitschaft, dem Weg zu folgen, ist gering.

(*Shu Ching*, Teil II, 2. Buch. Ch. II: 14–15)

Aus der Geschichte geht hervor, daß Tao hier das Richtige und Korrekte ist, das man tun sollte, doch nicht nur in einem rein moralischen Sinn. Yü war ein großer Held, der seinem Land diente, ohne an sich selbst zu denken. Als der mächtige Gelbe Fluß über die Ufer trat, kämpfte Yü zehn Jahre lang gegen das Wasser. Er reiste durch das ganze Land und errichtete Uferbefestigungen, kanalisierte den Fluß und legte das Land trocken. Er war so selbstlos, daß er sein Haus, selbst wenn er sich in seiner Nähe befand, nie aufsuchte, bevor das Wasser gezähmt war. Für spätere Generationen wurde er wegen seiner Hingabe an das rechte Tun zu einem Vorbild.

In diesem Auszug aus dem *Shu Ching* teilt der Kaiser Yü mit, daß er bald Kaiser werden wird. Er versichert ihm, daß dies kein Verrat ist, sondern der rechte Weg – das Tao. Es muß so kommen, weil Yü ein so redlicher und ehrbarer Mensch ist und dadurch das Tao verkörpert. In der Erfüllung seiner Pflichten gegenüber dem Staat manifestiert sich in und für Yü das Tao. Diese politische und gesellschaftliche Dimension des Tao bildet die Grundlage der Lehren des Konfuzius.

Das Tao als der Weg des Himmels

Eine andere Bedeutung erhält der Begriff Tao in Verbindung mit dem Schriftzeichen für Himmel. In diesem Fall wird Tao im allgemeinen mit »Weg des Himmels« übersetzt. Es hat einen stärkeren ethischen Beigeschmack und ist bereits mit der Art von Weisheit verbunden, die wir den taoistischen Philosophen zuschreiben. Ein Beispiel dafür ist der folgende Text, der angeblich aus der Zeit des Königs T'ang (ca. 1460–41 v. Chr.) stammt:

Ich habe das Sprichwort gehört: »Wer sich Lehrer sucht, wird über das größte Gebiet herrschen; wer sagt, daß niemand ihm ebenbürtig ist, wird stürzen. Wer bereit ist zu fragen, wird größer; wer nur auf sich selbst vertraut, wird erniedrigt werden.« Wer also seines Endes sicher sein will, muß auf seinen Anfang achten. Es gibt Sicherheit für jene, die sich an die guten Sitten halten, und Unglück für jene, die blind sind und sich nicht um sie kümmern. Wer den Weg des Himmels ehrt, sichert sich für immer die Gunst des Himmels.

(*Shu Ching*, Teil IV, 2. Buch, Kapitel IV, 8–9)

Hier erkennen wir bereits die verfremdete, gleichnishafte Ausdrucksweise, deren sich die taoistischen Autoren so gern bedienten, und hören den für das *Tao te king* so bezeichnenden »metaphysischen« Ton, in dem politische Ratschläge erteilt werden.

Diese zwei Zitate zeigen, wie sich das Wort Tao von einer ursprünglich sachlichen Bezeichnung zu einer abstrakten Idee mit tiefgründigen Bedeutungsschichten entwikkelte. Wie schon erwähnt, läßt sich sehr schwer sagen, aus welchen Zeiten verschiedene Teile des *Shu Ching* stammen. Möglicherweise sind es mündliche Überlieferungen aus frühen Zeiten, die jahrhundertelang weitergegeben wurden. Da in diesen Texten vor allem Gespräche wiedergegeben werden und weniger über bestimmte Ereignisse berichtet wird, ist die Wahrscheinlichkeit groß, daß es sich um Reflexionen der Personen handelt, die das Werk zusammengestellt haben. Es steht ziemlich fest, daß zumindest Teile des *Shu Ching* im siebenten bis achten Jahrhundert v. Chr. ediert wurden. Es ist deshalb möglich, daß wir Texte aus dieser Zeit vor uns haben. Doch wie ich bereits erwähnte, zerbrechen sich die Sinologen wegen dieser Texte immer noch den Kopf, und sie sind sich bezüglich dieser und aller anderen Teile des *Shu Ching* äußerst uneinig.

Das I Ging

Wir müssen jetzt eine kurze Pause machen und ein Werk betrachten, in dem das Tao *nicht* erwähnt wird, denn daß es darin nicht vorkommt, ist von besonderer Bedeutung. Der älteste religiöse oder mystische Text aus dem alten China, den wir besitzen, ist das *I Ging*, das Buch der Wandlungen. Der Kerntext – die Beschreibungen der vierundsechzig Hexagramme – stammt aus der Zeit um 1000 v. Chr.; die Kommentare sind etwas später entstanden. In diesem ungewöhnlichen Buch wird das Tao nicht erwähnt und auch kein anderer Ausdruck dafür verwendet. Dies ist ein bedeutsames Schweigen. Denn im wichtigsten der alten Kommentare – der Großen Abhandlung – wird die Idee des Tao eingehend erforscht. In den ältesten Teilen des Textes jedoch kommt es nicht vor. Eine teilweise Erklärung dafür ist vielleicht die sehr knappe, kryptische Form der Kerntexte. Sie bestehen nicht aus sich allmählich entwickelnden Erörterungen, in denen das Tao erwähnt wird – wie zum Beispiel im *Dschuang Dsi.* An anderer Stelle (*The Contemporary I Ching,* Rider, London 1989) haben meine Mitautoren und ich übrigens darauf hingewiesen, daß die Texte eben deshalb in so knapper Form verfaßt wurden, um eine Kommentierung und ausführliche Erklärung, welche die Große Abhandlung enthält, erforderlich zu machen. Deshalb erscheint es nicht besonders erstaunlich, daß das Wort Tao im *I Ging* nicht vorkommt. Gewissermaßen beschäftigt sich der gesamte Text mit dem, was das Tao später symbolisierte.

Das heißt, wir können mit ziemlicher Sicherheit sagen, daß die beiden Ideen, für die das Tao steht – das rechte Verhalten und der Weg des Himmels – um das Jahr 1000 v. Chr., als das *I Ging* geschrieben wurde, noch nicht allgemein verbreitet waren, sondern sich erst während des siebenten und achten Jahrhunderts v. Chr. entwickelten. Ich bin mir sicher, daß sie den früheren Hsia- und Shang-Dynastien nicht bekannt waren. Die Hinweise im *Shu Ching* sind ätiologischer Natur – das heißt, Auffassungen des siebenten bis achten Jahrhunderts, in dem die Kompilatoren des *Shu Ching* lebten, wurden in die Vergangenheit verlegt. Im fünften bis sechsten Jahrhundert beschäftigten sich mindestens zwei bedeutende Schulen – die von K'ung Futzu und Laotse – eingehend mit dem Tao. Offenbar hatte der Begriff sich stark ausgebreitet, und im »Zeitalter der Philosophen« wuchs das Bedürfnis, seinen Gebrauch und seinen Sinn genau zu definieren. Die im zweiten Kapitel betrachtete Entwicklung scheint dies zu bestätigen. Das allmähliche Zusammenfließen verschiedener Ideen, die unterschiedlichen Praktiken – dem Schamanismus, der Astrologie, der Magie, dem Kalendermachen – entstammten, führte dazu, daß das Bedürfnis wuchs, den Begriff Tao, mit dem zunehmend etwas all diesen Richtungen Gemeinsames bezeichnet wurde, zu definieren.

Konfuzius und das Tao

Westliche Menschen, die sich für den Taoismus interessieren, sind oft erstaunt, wenn sie entdecken, daß Konfuzius den Begriff Tao fast ebenso häufig verwendete wie Laotse. Dies liegt daran, daß wir im Westen das Tao als »Eigentum« des Taoismus und deshalb als etwas Mystisches betrachten. Konfuzius hingegen gilt im Westen im allgemeinen als ein hoher Beamter, der sich mit weltlichen und institutionellen Dingen und nicht mit dem Spirituellen beschäftigte. Weitgehend trifft dies zu, doch Konfuzius sowie vier- bis fünfhundert Jahre nach seinem Tod seine Anhänger entwickelten eine eigene Auffassung vom Tao, die weitgehend der taoistischen Philosophie entspricht, wie sie im *Shu Ching* zum Ausdruck kommt. Im populären Taoismus, der Konfuzius in den Rang eines Gottes erhob – wogegen Konfuzius bestimmt protestiert hätte – kamen die beiden Bedeutungen des Tao wieder zusammen und vermischten sich. Wir müssen uns also erst mit der speziellen konfuzianischen Interpretation des Tao befassen, bevor wir uns Laotse und den taoistischen Philosophen zuwenden. Würde man Konfuzius ignorieren und gleich zu Laotse übergehen, so wäre die revolutionäre Neuauslegung des Begriffes Tao durch Laotse nicht verständlich.

Konfuzius ist die latinisierte Form des Ehrennamens K'ung Fu-tzu, der dem aus einer adligen Familie stammenden K'ung Ch'iu verliehen wurde, und bedeutet Meister Kung. Er wurde 551 v.Chr. geboren und starb 479 v.Chr. Konfuzius lebte in einer Zeit des Niedergangs, in der rivalisierende Staaten innerhalb der Grenzen des historischen China ständig Kriege führten. Der in ärmlichen Verhältnissen aufgewachsene K'ung betätigte sich als Berater einiger dieser Kleinstaaten, die während des Niedergangs der Chou-Dynastie entstanden waren. Es folgte jene wirre Periode der chinesischen Geschichte, die *Zeit der Streitenden Reiche* genannt wird (480–221 v.Chr.). Offenbar unterstützte K'ung die Kräfte, die die alten Strukturen aufrechtzuerhalten suchten, um eben jene Anarchie zu verhindern, die dann tatsächlich folgte. Bei seinen Bemühungen, die Ordnung wiederherzustellen und die alten Strukturen zu stützen, schwebte ihm ein Goldenes Zeitalter vor, in dem in China, was das alltägliche Leben, das Regierungswesen und die gesellschaftlichen Beziehungen betrifft, ideale Verhältnisse herrschen sollten.

Für K'ung war richtiges Regieren eine Frage von innerer und äußerer Korrektheit. Das Reich oder der Staat sollte nach seiner Ansicht von einem Herrscher regiert werden, der die pragmatischen Fähigkeiten eines Regenten und die Weisheit eines Philosophen in sich vereinte. Eine solche Persönlichkeit würde sich in einer gutgeführ-

Konfuzius

ten Regierung manifestieren, die auf korrekte Weise handelte, indem sie sich in ihrem Verhalten, in ihren Beziehungen und in ihren Ritualen an von den guten Sitten bestimmte Regeln hielt. Diese Regeln und Rituale erscheinen uns heute sehr pedantisch und altmodisch. Ein Beispiel dafür enthält dieser Bericht über K'ungs überstürzte Abreise aus dem Staat Lu, dessen Justizminister er war. Mencius (*Meng Tzu – Meister Meng;* viertes Jhdt. v. Chr.) schreibt darüber:

In der Zeit, als K'ung Tzu Justizminister in Lu war, begann der Fürst seine Ratschläge zu mißachten. Als bald darauf die Opferungen für die Sonnenwende stattfanden und K'ung Tzu nicht ein Stück von dem Opferfleisch angeboten wurde, verließ er die Feierlichkeit, ohne auch nur seinen Zeremonienhut abzunehmen. Jene, die ihn nicht kannten, nahmen an, er sei wegen des Fleischs beleidigt. Jenen, die ihn kannten, war klar, daß er es tat, weil die rituellen Vorschriften nicht befolgt worden waren.

(*Meng Tzu,* VI. Buch, Teil II, VI. Kapitel)

K'ung war überzeugt, daß in einem Staat nur die Regeln korrekten Verhaltens befolgt werden mußten, um die negativen Aspekte des königlichen Individualismus und die Korruption einzudämmen. Deshalb reiste er viel herum und bemühte sich, die Staatsführer zu korrektem Verhalten und zur Befolgung der Regeln und Rituale anzuhalten, in der Hoffnung, dadurch eine innere Wandlung zu bewirken. Dies gelang ihm nicht, doch in der Zeit der Streitenden Reiche fanden seine Lehren immer mehr Anklang, denn sie schienen eine sehr verlockende Alternative zur Anarchie und Selbstsucht der damaligen Zeit zu bieten. Seine Interessen lagen auf dem Gebiet der Politik, der Gesellschaft und der Staatskunst, und deshalb wurde er als Antagonist der traditionellen »taoistischen« Lebenseinstellung betrachtet, obwohl Laotse K'ungs Ideal des Dienens, wie wir sehen werden, manchmal mehr zugeneigt war als dem späteren »taoistischen« Ideal des Sichzurückziehens. Die Taoisten haben über K'ung einige sehr wenig schmeichelhafte Dinge gesagt, doch K'ung bemühte sich in seinem eigenen Leben, dem Weg des Tao zu folgen. Manchmal kommt seine Auffassung von der Idee des Tao der Laotses sehr nahe.

Interessant ist, daß beide sich in ihren Schriften mit der rechten Art, einen Staat zu regieren, beschäftigten. Beide sahen das Tao als sehr wichtig dafür an. Sie unterscheiden sich darin, daß K'ung das Tao mit einem starren System von Werten und Tugenden zu verbinden suchte, die nach seiner Überzeugung genügten, um einen Herrscher zu einem edlen Menschen zu machen, der weise regiert. Davon wollen wir ausgehen, wenn wir K'ungs Auffassung des Begriffs Tao näher betrachten.

Auf einer Ebene benützt K'ung den Begriff Tao, um ein festes Konzept moralischer Integrität und korrekten Verhaltens zum Ausdruck zu bringen. So zum Beispiel in Buch 4:5 der *Analekten*:

Der Meister sagte: »Die Menschen streben nach Reichtum und Ehre. Wenn man sie nicht auf dem rechten Weg (Tao) erlangt hat, soll man sie nicht behalten. Armut und Elend mögen die Menschen nicht. Wenn diese auf dem rechten Weg (Tao) erlangt wurden, soll man ihnen nicht zu entrinnen trachten.«

Hieraus geht klar hervor, daß mit dem rechten Weg moralisches Verhalten gemeint ist. Wenn also ein Mensch, der Handel treibt und sich dabei moralisch verhalten hat, zu Geld und Ehren gekommen ist, so ist dies in Ordnung. Den Taoisten liegt nichts ferner, als ein solches Streben an sich als Abweichung vom Weg zu betrachten. In einem späteren Buch der *Analekten* (16:2) beginnt K'ung, den Begriff Tao in einem weiteren Sinn zu gebrauchen, der jenem des *Tao te king* nicht unähnlich ist.

K'ung Tzu sagte: »Wenn das Tao in der Welt vorherrscht, werden Riten, Musik und militärische Strafexpeditionen vom Kaiser (dem Sohn des Himmels) initiiert. Wenn das Tao nicht in der Welt vorherrscht, werden sie von den niedrigeren Würdenträgern initiiert … Wenn das Tao in der Welt vorherrscht, liegt die Politik nicht in den Händen der Berater. Wenn das Tao in der Welt vorherrscht, gibt es für die gewöhnlichen Leute nichts, worüber sie streiten könnten.«

Dieser Text ähnelt sehr den Kapiteln 17 und 18 des *Tao te king*:

Herrscht ein ganz Großer,
so weiß das Volk kaum, daß er da ist.
Mindere werden geliebt und gelobt,
noch Mindere werden gefürchtet,
noch Mindere werden verachtet.
Wie überlegt muß man sein in seinen Worten!
Die Werke sind vollbracht, die Geschäfte gehen ihren Lauf
und die Leute denken alle: »Wir sind frei.«

Geht der große SINN (das Tao) zugrunde,
so gibt es Sittlichkeit und Pflicht.
Kommen Klugheit und Wissen auf,
so gibt es die großen Lügen.
Werden die Verwandten uneins,
so gibt es Kindespflicht und Liebe.
Geraten die Staaten in Verwirrung,
so gibt es die treuen Beamten.

Schließlich benutzt K'ung Tao in einem Sinn, der mit dem Sinn, in dem es Laotse verwendet, praktisch identisch ist. Ein Beispiel dafür stellen folgende Zeilen dar:

Was der Himmel gegeben hat, wird Naturgesetz genannt. Diesem natürlichen Weg zu folgen, bedeutet, dem Weg des Tao zu folgen ... Der Weg des Tao darf nicht verlassen werden, nicht für einen Augenblick. Könnte er verlassen werden, dann wäre er nicht der Weg des Tao.

Manchmal scheint K'ung der taoistischen Haltung sehr nahe zu kommen, etwa wenn er sagt: »Wer an dem Tag stirbt, da er vom Weg (des Tao) erfährt, der ist nicht umsonst gestorben.« (*Analekten,* Buch 4:8). Doch im Grunde ist das einzige, woran K'ung wirklich etwas liegt, das korrekte Verhalten. Das zeigt sich, wenn er sein ganzes System in einem Satz zusammenfaßt: »Ich richte meinen Geist auf den Weg, stütze mich auf Tugendhaftigkeit, versichere mich des Beistandes Wohlmeinender und suche Erholung in den schönen Künsten.«

Der zweite Begriff, der sowohl im *Tao te king* als auch in K'ungs Lehren eine große Rolle spielt, ist das Te. Te ist laut dem *Tao te king*, dem »Buch vom Weg und seiner Kraft«, die Wirkkraft des Tao und die durch die Verwirklichung des Tao gewonnene Tugend. Auch K'ung sieht in Te die Tugend – die Eigenschaft, die man gewinnt, wenn man dem Weg des Tao folgt, und die nach seiner Meinung vom Himmel kommt: »Der Himmel ist die Quelle meiner Tugend.« K'ung verwendet den Begriff Te in seinen Schriften auf ganz ähnliche Weise wie Laotse in der zweiten Hälfte des *Tao te king*. Doch im späteren konfuzianischen Denken gewann die Verwirklichung der Tugend eine größere Bedeutung als der Weg. Man kann fast sagen, daß für viele Konfuzianer das Te zum Tao wurde!

Der Hauptunterschied zwischen K'ungs und Laotses Denkweise liegt in der Einstellung zum Tao. Grob ausgedrückt sieht K'ung im Weg eine vom Himmel auferlegte Ordnung, der sich alles unter dem Himmel (die Welt) zu unterwerfen hat. Diese Ordnung ist hierarchisch aufgebaut und erstreckt sich auf der untersten Ebene bis zur Festlegung der Beziehung zwischen Eltern und Kindern. Außerdem betrachtet K'ung Belohnungen in der materiellen Welt als Zeichen für die Erlangung der Einheit mit dem Tao. Dies alles widerspricht der taoistischen Philosophie, und diese Meinungsverschiedenheiten über das Tao gehen sehr deutlich aus den Geschichten über die Begegnung zwischen K'ung und Laotse hervor. Es ist deshalb jetzt an der Zeit, daß wir uns mit Laotse und seiner klar festgelegten Auffassung vom Tao beschäftigen.

Hat es Laotse wirklich gegeben? Diese Frage, die wie ein Satz aus der ersten Hälfte des *Tao te king* klingt, hat schon die frühesten Historiker Chinas beschäftigt. Die früheste Biographie Laotses wurde von Ssu-ma Ch'ien (1. Jhdt. v. Chr.) verfaßt. Besser gesagt, er versuchte, eine solche Biographie zu schreiben! In der Einführung zu seinem Buch weist er darauf hin, daß ihm das Sammeln von Fakten sehr schwer fiel und daß er über den Mangel an klaren Informationen überaus erstaunt sei. Alles, was er sagen kann, ist, daß Laotse im Dorf Chu Jen in der Gegend von Lai in der Provinz Hu im Staat Ch'u geboren wurde. Sein Familienname war Li, sein Vorname Erh und sein Großjährigkeitsname Tan. Chu Jen ist heute die Stadt Luyi, in der Besucher den Tempel besichtigen können, der über der angeblichen Geburtsstätte Laotses errichtet wurde. Wie wir sehen werden, scheint es jedoch angebracht, den Schrein von Luyi mit Vorsicht zu betrachten.

Vor allem müssen wir uns klar darüber sein, daß Laotse nicht Laotses Name war, sondern ein Ehrentitel, der »Alter Meister« bedeutet. Laut Ssu-ma Ch'ien war sein wirklicher Name Li Erh Tan. Manche Gelehrte befürchten jedoch, daß auch dies nicht stimmt. Am Ende seiner Biographie führt Ssu-ma Ch'ien eine Ahnentafel an, die angeblich zeigt, daß die damals in Shantung existierende Familie Li von Laotse abstammt. Einige Autoren, darunter Kaltenmark (*Lao-tzu und der Taoismus*), sind der Meinung, daß die Familie Li ihm ihren Familiennamen verliehen hat, um ihn als berühmten Vorfahren beanspruchen zu können. Ich finde das ein wenig verstiegen, denn ich sehe keinen einleuchtenden Grund, zu bezweifeln, daß die Familie Li Laotse als Vorfahren betrachtete, weil sein Familienname wirklich Li war. Es zeigt jedoch, wie unsicher sich die Gelehrten hinsichtlich des historischen Laotse in allen Einzelheiten sind. Ssu-ma Ch'ien berichtet weiter, daß Laotse Archivar am Hof des Königs von Chou war. Dies ist eine relativ unbedeutende Stellung. Von größerer Wichtigkeit ist die Behauptung, daß K'ung Laotse besuchte und mit ihm sprach.

Ssu-mas Biographie enthält zwei Berichte über dieses Treffen und den Inhalt ihrer Gespräche. Auch in der späteren taoistischen Literatur gibt es viele eher spöttische Berichte darüber, und spätere konfuzianische Bücher enthalten einige nicht sehr freundliche Berichte über weitere Begegnungen. Es lohnt sich, die beiden Berichte in Ssu-ma Ch'iens Biographie zu lesen, denn sie vermitteln einen guten Eindruck von den philosophischen Meinungsverschiedenheiten und unterschiedlichen Ansichten der beiden. Ob die Begegnung tatsächlich stattfand, weiß man nicht. Die in späteren Büchern enthaltenen Darstellungen weichen stark voneinander ab. Was gesagt wurde und wer am besten wegkommt, hängt davon ab, ob man die konfuzianischen oder die taoistischen Bücher liest! Was die Buddhisten über diese Begegnung sagen, ist weder für Konfuzius noch für Laotse schmeichelhaft. Lesen wir also einfach Ssu-ma Ch'iens Berichte:

Als K'ung Chou besuchte, bat er Laotse, ihn in den Riten zu unterweisen. Laotse erwiderte: »Selbst die Knochen derer, von denen du sprichst, haben sich längst in Staub verwandelt. Alles, was von ihnen übriggeblieben ist, sind ihre Worte. Wie du weißt, fährt ein Edler, wenn die Zeiten gut sind, in einer Kutsche zum Hof. Doch wenn die Zeiten schlecht sind, läßt er sich vom Wind treiben. Man sagt, daß ein weiser Kaufmann seinen Reichtum verbirgt, damit man ihn für arm hält. Ebenso gibt sich ein Weiser von großer innerer Tugendhaftigkeit äußerlich wie ein Narr. Sei nicht so arrogant. Welche Anmaßung, welche Wichtigtuerei, welch übertriebener Enthusiasmus. All dies entspricht nicht deinem wahren Wesen. Das ist alles, was ich dir zu sagen habe.« K'ung ging und sagte zu seinen Begleitern: »Ich weiß, daß ein Vogel fliegen kann, daß Fische schwimmen, daß Tiere laufen. Was läuft, kann in Fallen gefangen werden; was schwimmt, mit Netzen. Was fliegt, kann man mit Pfeilen abschießen. Aber was man mit einem Drachen macht, weiß ich nicht. Er reitet auf den Wolken und dem Wind. Heute habe ich Laotse kennengelernt, und er gleicht einem Drachen.«

Und hier der zweite Bericht:

Als K'ung ging, sagte Laotse zu ihm: Man sagt, daß jemand, der reich und mächtig ist, seinen Gästen Geld zum Geschenk macht und ein Weiser Worte. Ich bin weder reich noch mächtig; vielleicht bin ich manchmal ein Weiser. Deshalb will ich dir Worte zum Geschenk machen. Ein Mensch, der weise und klarsichtig ist, wird früh sterben, weil die Kritik, die er an anderen übt, berechtigt ist. Ein Mensch mit solchem Scharfblick setzt sein Leben aufs Spiel, weil er anderen ihre Schwächen und Fehler bewußt macht. Ein Mensch, der weiß, daß er ein Sohn ist, gehört nicht mehr sich allein. Auch ein Mensch, der weiß, daß er ein Untertan ist, gehört nicht mehr sich selbst.

Wir wissen also, daß Laotse mit Familiennamen Li hieß, daß er in Luyi geboren wurde und daß es eine Begegnung zwischen ihm und K'ung gab – doch die Zuverlässigkeit selbst dieser wenigen Informationen ist zweifelhaft. Was ist sonst noch über Laotse bekannt? Das einzige, worüber Ssu-ma Ch'ieng noch berichtet, ist Laotses letzte Reise. Verzweifelt über die Zustände in den kleinen chinesischen Staaten, verließ Laotse Chou und ging nach Westen. Am Hsien-ku-Paß übernachtete er bei dem Torwächter Kuan Yin. Dieser erkannte, was für einen Weisen er beherbergte, und bat Laotse, seine Gedanken niederzuschreiben. So entstand das *Tao te king*. Als er es geschrieben hatte, ging Laotse durch das Tor und ward nie mehr gesehen.

Dies ist eine wunderschöne Geschichte, hinter der sich jedoch mehr verbirgt, als es auf den ersten Blick den Anschein hat. Erstens ist »in den Westen gehen« eine Metapher für Sterben. In der chinesischen Mythologie war der Westen das Land der Wunder und des Lebens nach dem Tod, eine geheimnisvolle magische Welt, in der die Gerechten und Edlen nach dem Tod weiterlebten. Diese Tradition hat sich bis heute im japanischen Buddhismus erhalten, in dem das Land im Westen den Himmel symbolisiert. Zweitens ist Kuan Yin kein gewöhnlicher Torwächter mit literarischen Neigungen, sondern eine im religiösen Taoismus verehrte Gottheit. Also drückte er mit seiner Bitte den Wunsch der Götter aus, Laotse möge vor seinem Tod seine Weisheiten niederschreiben. Drittens ist das *Tao te king* – was es auch sein mag – jedenfalls kein Buch, das ein Mensch

Laotse geht in den Westen

in einer Nacht schreiben konnte! Was soll man von diesem Verschwinden halten?

Sicher ist, daß Laotse seinen Zeitgenossen sprachlich vermittelte, daß er in den Tod ging. Ebenso steht fest, daß spätere Taoisten der Meinung waren, daß er tatsächlich in den Westen ging und nie zurückkehrte. Im vierten bis neunten Jahrhundert behaupteten taoistische Autoren in antibuddhistischen Büchern, Laotse sei auf seiner Reise in den Westen bis nach Nordindien gelangt und habe dort den Buddha unterrichtet. Leider, sagen sie, habe der Buddha die letzten Feinheiten seiner Darlegungen nicht verstanden. Andere Taoisten errichteten in der gleichen Zeit Tempel über den angeblichen Gräbern Laotses und seiner Mutter. Wie soll man sich diese Widersprüchlichkeiten erklären?

Wahrscheinlich lebte um das fünfte Jahrhundert v. Chr. jemand, der Alter Meister genannt wurde. Wer er war, was er tat und was er lehrte, werden wir wohl nie erfahren. Alle diese Fragen sind nicht zu beantworten und für die Entwicklung des Taoismus letzten Endes auch unwichtig. Während der nächsten hundert Jahre wurden diesem Alten Meister Aussprüche zugeschrieben, die schließlich eine ansehnliche Sammlung bildeten und als die Worte Laotses niedergeschrieben wurden.

Ich glaube, es ist wichtig zu erkennen, wie schwer faßbar Laotse ist, bevor wir uns mit »seinen« Worten beschäftigen. Der Grund ist ganz einfach. Wer Laotse auch gewesen ist – er war kein Taoist. Was er auch gesagt hat – er hat es nicht als Taoist gesagt. Diejenigen, die seine Gedanken sammelten und das Buch herausgaben, das wir als Laotses *Tao te king* kennen, betrachteten sich nicht als Taoisten. Und der Titel *Tao te king* mit seiner Betonung des Tao ist nicht der Originaltitel des Buches. Es wurde ursprünglich *Laotse* genannt. Erst in der frühen Han-Zeit (2. Jhdt. v. Chr.) entstand der Begriff Taoist. Davor gab es, wie schon erwähnt, zahlreiche »Schulen« mit verschiedenen Lehren und Meistern. Um diese Gestalten sammelte sich ein ständig wachsender Korpus von Materialien und Ideen, von denen viele lange nach dem Tod des ursprünglichen Gründers niedergeschrieben wurden. Doch wie in vielen anderen Kulturen war es damals auch in China üblich, jede bedeutungsvolle Schrift dem ursprünglichen Meister zuzuschreiben. Dies war keine Irreführung, sondern die höchste Ehre, die man dem ursprünglichen Meister und Inspirator erweisen konnte.

Wir dürfen dies alles nicht aus der Perspektive des zwanzigsten Jahrhunderts betrachten. Heutzutage ist unser Sinn für Urheberrechte sehr stark ausgeprägt. Wäre ich zum Beispiel ein großer Bewunderer von Martin Luther King und schriebe ein Buch über die Berechtigung des Kampfes der Schwarzen, so käme ich nie auf die Idee, zu behaupten, Martin Luther King habe das Buch geschrieben! Man würde mich sofort verklagen oder wegen der Behauptung, ein Toter habe ein Buch über die heutigen Verhältnisse geschrieben, ins Irrenhaus bringen! In alten Kulturen war dies jedoch gang und gäbe. Der biblischen Überlieferung zufolge hat Moses die Fünf Bücher Mose geschrieben. Doch in eben diesen Büchern werden der Tod Moses' und Geschehnisse nach seinem Tod erwähnt! Im *Tao te king* sind während eines Zeitraums von etwa einem Jahrhundert gesammelte Lehren und Ideen enthalten, die der Gründergestalt Laotse zugeschrieben werden, und auch das zweite angeblich von Laotse verfaßte Buch, das *T'ai Shang Kan Ying P'ien,* enthält Gedanken und Geschichten, die in fünf- oder sechshundert Jahren gesammelt wurden.

Laotse – wer er auch gewesen sein mag – war kein Taoist. Dies ist eine andere wichtige Feststellung, die getroffen werden muß. Laotses Lehren und die Sammlung von Lehren, die mit seinem Namen in Verbindung gebracht wurde, führten zur Bildung einer Gruppe, deren Angehörige sich

Taoisten nannten. Laotse selbst war ebensosehr ein Teist wie ein Taoist – wie schon der Titel des *Tao te king* besagt! Oder um es etwas weniger drastisch auszudrücken: Er beschäftigte sich mit den gleichen Fragen wie K'ung, entwickelte aber eine ganz andere Denkweise als dieser – eine Denkweise, die von späteren Generationen Taoismus genannt wurde, der Laotse und seine Anhänger jedoch anscheinend nie einen Namen gegeben haben.

Wie wir in späteren Kapiteln sehen werden, hat sich die Rolle, die Laotse im Taoismus gespielt hat, immer wieder stark verändert und die Legenden, die um ihn entstanden, hatten mit einer historischen Persönlichkeit nicht mehr viel zu tun. Doch das ist bei den Schlüsselfiguren aller Glaubensrichtungen so. Ihre Bedeutung beruht eher darauf, wie spätere Generationen sie sahen, als darauf, wie sie wirklich waren, denn nicht die historische Persönlichkeit, sondern die Gestalt, die der Glaube aus ihr gemacht hat, hat die Religion geprägt. Daß es keinen wirklichen Beweis für die Existenz Laotses gibt, bedeutet nicht, daß der Taoismus in seiner Mitte ein Loch hat. Ob es Laotse wirklich gegeben hat, ob er die Dinge, die er getan haben soll, wirklich getan hat, ob die ihm zugeschriebenen Worte wirklich von ihm stammen, ist letzten Endes unwesentlich. Denn das, was er dem Glauben der Menschen zufolge war und getan und geschrieben hat, hat seit fast zweieinhalb Jahrtausenden die Geschichte geprägt.

Betrachten wir also das *Tao te king*, dieses höchst ungewöhnliche Buch.

Das *Tao te king*

Der Titel *Tao te king* kann auf verschiedene Weise übersetzt werden. Das Wort »King« bedeutet einfach »klassisches Werk«. Als solches wurde das Buch erst in der Zeit der Han- Dynastie (etwa zwischen dem ersten Jahrhundert v. Chr. und dem ersten Jahrhundert n. Chr.) bezeichnet. Zu den offiziellen klassischen Werken Chinas wurde das *Tao te king* nur während der T'ang-Dynastie gezählt. Die T'ang-Kaiser trugen wie Laotse den Familiennamen Li. Sie betrachteten sich als seine Nachkommen und erhoben deshalb das *Tao te king* in den Rang eines offiziellen klassischen Werks.

Die beiden anderen Worte wurden zur gleichen Zeit hinzugefügt wie das *King*, nämlich während der Han-Dynastie. Sie drücken aus, daß der Text aus zwei Teilen besteht. Der erste Teil, die Kapitel 1 bis 37, beginnt mit einer Definition des Tao, der eine eingehende Untersuchung des Begriffes folgt. Der aus den Kapiteln 38 bis 81 bestehende zweite Teil beginnt mit der Definition des Te, der sich weitere Erörterungen über das Tao mit verschiedenen Bezugnahmen auf das Te und weitere Kapitel darüber anschließen. Daher der Titel »Buch vom Tao und Te«. Bevor der Text diesen Titel erhielt, wurde er einfach *Laotse* genannt – gemäß dem Brauch, Bücher nach dem Meister zu benennen. Ebenso wurden das *Meng Tzu,* das *Dschuang Dsi* und das *Liä Dsi* nach den ursprünglichen Lehrern benannt. Als das *Laotse* in der Han-Zeit an Bedeutung gewann, wurde es umbenannt, um seine besondere Wichtigkeit zu betonen und es über die anderen Bücher, etwa das *Dschuang Dsi* und das *Liä Dsi,* zu setzen.

Interessant ist, daß der früheste erhaltene Text die zwei Teile in umgekehrter Reihenfolge enthält. In diesem Text, der in einem Grab aus dem Jahr 168 v. Chr. gefunden wurde, steht der zweite Teil an erster Stelle. So wird das Buch, obwohl das im Grab gefundene Exemplar keinen Titel trägt, zum *Te tao king*. Auch der vor der Han-Zeit lebende Autor Han-fei Tzu nannte, als er über das *Laotse* schrieb, die Teile in der umgekehrten Reihenfolge, woraus hervorgeht, daß zumindest zeitweise der Teil über das Te als der wichtigere betrachtet wurde.

Das Problem ist, wie man *Tao te* am besten übersetzt. Arthur Waley übersetzt es mit »der Weg und seine Kraft«, Needham mit »die Tugend des Tao«. Die Schwierigkeit liegt im Wort Te. Es läßt verschiedene Interpretationen zu, von denen zwei am zuverlässigsten erscheinen: »Tugend« und »Kraft/Autorität«. Die meisten Übersetzer nehmen an, daß das Te gegenüber dem Tao eine untergeordnete Rolle spielt, was ja auch im Text tatsächlich der Fall ist. Welche Rolle das Te auch spielt – es verstärkt das Tao, wie aus den Übersetzungen von Waley und Needham hervorgeht. Entscheiden Sie selbst, denn es gibt keine richtige Antwort. Ich werde das Buch von jetzt an einfach *Tao te king* nennen.

Das *Tao te king* gehört zur gleichen literarischen Kategorie wie etwa das *I Ging* oder das *Ch'un Ch'iu*. Jedes dieser Bücher enthält kurze, prägnante Aussagen, die offenbar für sich stehen – das heißt, es gibt im allgemeinen keinen klaren Zusammenhang mit dem folgenden Text. Außerdem sind sie so abgefaßt, daß sie eines mündlichen oder schriftlichen Kommentars durch einen Seher oder Gelehrten bedürfen.

Das *I Ging* ist ein sehr gutes Beispiel dafür. Es wurde um das Jahr 1000 v. Chr. geschrieben und ist das älteste erhaltene Buch Chinas. Sein charakteristischer Stil besteht aus kurzen Sätzen, die eine auf die knappste Form reduzierte Information enthalten, die der Leser selbst in einen bestimmten Zusammenhang bringen muß. Selbst wenn dem Leser dies gelingt, benötigt er einen *I Ging*-Spezialisten oder einen Kommentar, der ihm die zahlreichen im Text verborgenen Bedeutungen enthüllt. So lautet zum Beispiel das zum Hexagramm 41 gehörige Urteil:

Minderung verbunden mit Wahrhaftigkeit
wirkt erhabenes Heil ohne Makel.
Man kann darin beharrlich sein.
Fördernd ist es, etwas zu unternehmen.
Wie übt man das aus?
Zwei kleine Schüsselchen mag man benützen zum Opfer.

Dies dürfte der Durchschnittsleser auf Anhieb kaum verstehen, es sei denn, auf sehr oberflächliche Weise. Hinzu kommt, daß die Hexagramme davor und danach, Nr. 40 und 42, mit Nr. 41 offenbar in keinerlei Zusammenhang stehen. Das Urteil zu Hexagramm 40 lautet:

Die Befreiung. Fördernd ist der Südwesten.
Wenn nichts mehr da ist, wohin man zu gehen hätte,
ist das Wiederkommen von Heil.
Wenn es noch etwas gibt, wohin man gehen muß,
dann ist Raschheit von Heil.

Und das Urteil zu Hexagramm 42 sagt:

Die Mehrung. Fördernd ist es, etwas zu unternehmen.
Fördernd ist es, das große Wasser zu durchqueren.

Jedes Hexagramm scheint völlig für sich zu stehen, und das Ganze wirkt wie eine Sammlung von Sprichwörtern, die nichts verbindet außer dem Umstand, daß es Sprichwörter sind. Hinzu kommt der verschleierte Sinn, der, wie gesagt, einen Kommentar erfordert.

Beim *Ch'un Ch'iu* ist es in vieler Hinsicht ähnlich. Der Titel bedeutet »Frühlings- und Herbst-Annalen«, und es handelt sich um eine Chronik der jährlichen Geschehnisse im Staat Lu von 722 v. Chr. bis 481 v. Chr. Die Bedeutung des Werkes liegt für die Chinesen darin, daß es einer der fünf Klassiker des Konfuzianismus ist – zusammen mit dem *I Ging*, dem *Chu Ging* (dem Buch der Schriften), dem *Shih Ging* (dem Buch der Lieder) und dem *Li Chi* (dem Buch der Riten). K'ung soll das *Ch'un Ch'iu* geschrieben haben, und konfuzianische Gelehrte haben seither immer wieder seine kargen, spärlichen Zeilen nach dem Sinn durchstöbert, den es angeblich enthält. Die einzelnen Kapitel dieses Textes sind zwar chronologisch geordnet, doch das Grundmuster ist das gleiche wie beim *I Ging:* Es gibt keinen Zusammenhang zwischen den einzelnen Mitteilungen, außer daß sie unter einem bestimmten Jahr zusammengefaßt sind, und sie bedürfen eines Kommentars, damit man sie versteht. Hier ein Beispiel aus dem achtzehnten Jahr des Herzogs Wan (608 v. Chr.) in Buch VI:

Im Frühling seines achtzehnten Jahres, im zweiten Monat des Königs am Ting-ch'ou-Tag, starb der Herzog unter seinen Türmen.
Ying, Graf von Ts'in, ist gestorben.
Im Sommer, während des fünften Monats, am Wu-Hsu-Tag, ermordeten die Leute von Ts'e ihren Herrscher Shang Yin.
Im sechsten Monat, am Kuei-Yu-Tag, bestatteten wir Herzog Wan, unseren Herrscher.
Im Herbst gingen Sui, der Sohn des Herzogs, und Shu-sun Ti-shin nach Ts'e.
Im Winter, während des zehnten Monats, starb der Sohn.
K'ungs Frau kehrte nach Ts'e zurück.
Ki-sun Hang Fou ging nach Ts'e.
Kiu ermordete seinen Herrscher Shu-Ki.

Es ist erstaunlich, welche Bedeutungen konfuzianische Gelehrte aus diesen wenigen Informationen herauslesen!

Höchstwahrscheinlich entstanden Texte wie das *Tao te king*, das *I Ging* und das *Ch'un Ch'iu* aus mündlich überlieferten Weisheiten, die gesammelt und wie Perlen zu einer Kette zusammengefügt wurden. Jede ist abgerundet und geschliffen von der Zeit und vom Weitersagen und damit einzigartig, doch zusammen ergeben sie einen gemeinsamen Sinn. Diese Aussagen wurden bei Diskussionen und Debatten und in Kommentaren ständig zitiert und weitergegeben. Die Schwierigkeit – für Chinesen, die sich mit ihren alten Schriften beschäftigen, wie für westliche Menschen, die diese faszinierenden Dokumente erstmals entdecken – besteht heute darin, daß wir uns in die Umstände, unter denen sie geschrieben wurden, nicht hineinversetzen können. Wir denken nicht wie unsere Vorfahren, und die Bedeutung vieler Schriftzeichen hat sich im Lauf der Jahrhunderte so stark verändert, daß es sehr schwierig ist, sie zu interpretieren. Auch haben wir es manchmal mit Symbolen und Bildern zu tun, deren Bedeutung in Vergessenheit geraten ist, so daß wir nur versuchen können, sie zu erraten. Vielleicht sind es gerade die mit diesen Texten verbundenen Schwierigkeiten und Unklarheiten, die uns so anziehen, denn es stellt sich uns die Aufgabe, zu verstehen, welchen Sinn diese Texte für uns in der heutigen Zeit haben und zugleich so weit wie möglich die geistige und reale Situation, in der sie entstanden sind, zu begreifen.

Ohne Zweifel bedeutet das *Tao te king* einen Fortschritt. Obwohl der Text immer noch sehr lapidar ist und die Kapitel nur selten mit den vor- und nachstehenden auf erkennbare Weise zusammenhängen, wird in den einzelnen Sinnsprüchen des *Tao te king* das betreffende Thema viel tiefer erforscht als in anderen Werken dieses Genres. Jedes Kapitel besteht aus einer kurzen Aussage und einigen Erklärungen, und somit sind die einzelnen Textteile leichter zu verstehen als die des *I Ging* oder des *Ch'un Ch'iu.* Sehen wir uns zum Beispiel das 25. Kapitel an:

Es gibt ein Ding, das ist unterschiedslos vollendet.
Bevor Himmel und Erde da waren, ist es schon da,
so still, so einsam.
Allein steht es und ändert sich nicht.
Im Kreis läuft es und gefährdet sich nicht.
Man kann es nennen die Mutter der Welt.
Ich weiß nicht seinen Namen.

Ich bezeichne es als SINN (Tao).
Mühsam einen Namen ihm gebend,
nenne ich es: groß.
Groß, das heißt immer bewegt.
Immer bewegt, das heißt ferne.
Ferne, das heißt zurückkehrend.
So ist der SINN groß, der Himmel groß, die Erde groß,
und auch der Mensch ist groß.
Vier Große gibt es im Raume,
und der Mensch ist auch darunter.
Der Mensch richtet sich nach der Erde.
Die Erde richtet sich nach dem Himmel.
Der Himmel richtet sich nach dem SINN.
Der SINN richtet sich nach sich selber.

Dieser Text ist voll tiefgründiger Bedeutung und erfordert eingehende Betrachtung und Überlegung, doch er enthält auch einen Kommentar, entwickelt eine Idee und vermittelt eine bildliche Vorstellung. Damit bietet das *Tao te king* weit mehr als das *I Ging* oder das *Ch'un Ch'iu*, und deshalb ist es wahrscheinlich immer so populär gewesen. Das 39. Kapitel ist ein weiteres gutes Beispiel für diese Art von Text, der eine Aussage, eine nähere Erläuterung dieser Aussage und einen Kommentar enthält:

Der Himmel erlangte das Eine und wurde rein.
Die Erde erlangte das Eine und wurde fest.
Die Götter erlangten das Eine und wurden mächtig.
Das Tal erlangte das Eine und erfüllte sich.
Alle Dinge erlangten das Eine und entstanden.
Könige und Fürsten erlangten das Eine
und wurden das Vorbild der Welt.
Das alles ist durch das Eine bewirkt.
Wäre der Himmel nicht rein dadurch, so müßte er bersten.

Wäre die Erde nicht fest dadurch, so müßte sie wanken.
Wären die Götter nicht mächtig dadurch,
so müßten sie erstarren.
Wäre das Tal nicht erfüllt dadurch,
so müßte es sich erschöpfen.
Wären alle Dinge nicht erstanden dadurch,
so müßten sie erlöschen.
Wären die Könige und Fürsten nicht erhaben dadurch,
so müßten sie stürzen.

Darum: Das Edle hat das Geringe zur Wurzel.
Das Hohe hat das Niedrige zur Grundlage.

Also auch die Fürsten und Könige:
Sie nennen sich: »Einsam«, »Verwaist«, »Wenigkeit«.
Dadurch bezeichnen sie das Geringe als ihre Wurzel.
Oder ist es nicht so?

Denn: Ohne die einzelnen Bestandteile eines Wagens
gibt es keinen Wagen.
Wünsche nicht das glänzende Gleißen des Juwels,
sondern die rohe Rauheit des Steins.

Die Philosophie des Tao te king

Was ist nun die wichtigste Botschaft des *Tao te king*? Ich glaube, daß sich diese Frage nicht genau beantworten läßt, da das *Tao te king* nicht von einem einzelnen Menschen geschrieben wurde, der einem logischen Gedankengang folgte. Und der Kompilator hat ihm nicht mehr als eine Grundform gegeben, den Tao-Teil und den Te-Teil. Außerdem handelt es sich nicht um ein Buch, in dem bewußt »taoistische« Ideen dargestellt wurden, denn die Taoisten existierten zu der Zeit, als es entstand, nicht als feste Gruppe. Einer der Gründe, warum das Buch so große Popularität erlangte, ist wahrscheinlich der, daß es, weil darin nicht systematisch ein Hauptgedanke dargestellt und entwickelt wird, viel interessanter und reizvoller ist als etwa K'ungs Schriften, in denen Ideen logisch entwickelt werden.

Deshalb müssen wir uns, wenn wir uns mit dem Buch beschäftigen, bewußt sein, daß wir, ganz gleich, wo wir es aufschlagen, auf eine Weisheit, eine Lehre, einen Kommentar oder eine Metapher stoßen können, die des Nachdenkens wert ist. Genau diesem Zweck haben das *Tao te king* und das *I Ging* in China denn auch seit Jahrhunderten gedient.

In dem Text werden Themen wie das menschliche Wissen, die Zeit, die Sprache und ihr Sinn, das Tao und das Materielle und Nichtmaterielle erforscht. Er sucht uns bewußtzumachen, wie oberflächlich wir mit Sprache umzugehen pflegen, indem er die engen Grenzen der Sprache aufzeigt. Er zeigt uns, wie unsinnig unser Bestreben ist, die Realität zu quantifizieren und zu kontrollieren. Dies geschieht mittels bestimmter Grundgedanken und Argumente, die immer wieder auftauchen. Nehmen wir als Beispiel die Sprache. Das Buch beginnt mit einer Erörterung des Unvermögens der Sprache, die Realität wiederzugeben oder ihr auch nur nahezukommen.

Der SINN (das Tao), der sich aussprechen läßt,
ist nicht der ewige SINN.
Der Name, der sich nennen läßt,
ist nicht der ewige Name.
(*Tao te king*, 1. Kapitel)

Zur Undefinierbarkeit des Tao kommt seine elementare Kraft und Autorität. Es ist das Fundament, die Wurzel, die Quelle von allem, wie aus dem 25. Kapitel hervorgeht. Laut dem *Tao te king* ist das Tao, das der Grundstein der Realität war, nicht nur selbst Realität geworden, sondern es ist der formlose Ursprung von allem, was ist und sein wird. Das 32. Kapitel veranschaulicht sowohl das Unvermögen der Sprache, das Tao zu erfassen, als auch das Unvermögen dessen, was das Tao erschafft, das Tao zu beherrschen, und die Verwurzelung allen Lebens im Tao.

Der SINN (das Tao) als Ewiger ist namenlose Einfalt.
Obwohl klein, wagt die Welt ihn nicht zum Diener zu machen.
Wenn Fürsten und Könige ihn so wahren könnten,
so würden alle Dinge sich als Gäste einstellen.
Himmel und Erde würden sich vereinen,
um süßen Tau zu träufeln.
Das Volk würde ohne Befehle
von selbst ins Gleichgewicht kommen.

Das Tao te king als Leitfaden der Staatskunst

Das *Tao te king* enthält nicht nur tiefgründige philosophische Erörterungen über Sprache, Sinn und den Ursprung alles Seins, sondern es ist auch eine Art Leitfaden der Staatskunst. Immer wieder enthält der Text pragmatische und weise Ratschläge, wie das Volk regiert werden sollte – von der Ermahnung, vor den Untertanen nicht groß zu tun, bis zu dem Rat, mit dem Tao zu fließen und dadurch so zu regieren, daß das Volk nicht merkt, daß es regiert wird. Nicht von ungefähr sind in den letzten Jahren im Westen zahlreiche Versionen des *Tao te king* erschienen, die zeigen, wie die darin enthaltenen Ratschläge auf allen möglichen Gebieten verwirklicht werden können – von der Weltregierung bis zur Unternehmensführung. Häufig sind die praktischen Ratschläge des *Tao te king* mit der Aufforderung an die Herrschenden verbunden, ihre Handlungen eingehend zu überdenken, zum Beispiel die Kriegsführung (im 30. und 31. Kapitel):

Wo die Heere geweilt haben,
wachsen Disteln und Dornen.
Hinter den Kämpfen her
kommen immer Hungerjahre.

Waffen sind unheilvolle Geräte,
nicht Geräte für den Edlen.

Menschen töten in großer Zahl,
das soll man beklagen mit Tränen des Mitleids.
Wer im Kampfe gesiegt,
der soll wie bei einer Trauerfeier weilen.

Der obige Rat ist natürlich für einen Herrscher und seine hohen Würdenträger von großer Bedeutung. Doch das *Tao te king* enthält auch sehr einfache Weisheiten, die für jeden, der ein mit Macht verbundenes Amt bekleidet, wichtig sind, zum Beispiel im 44. Kapitel:

Der Name oder die Person:
was steht näher?
Die Person oder der Besitz:
was ist mehr?

Manchen wird es überraschen, daß die Taoisten als ihr wichtigstes Buch einen Text betrachten, der es offenbar gutheißt, daß taoistische Weisheit durch die Ausübung von Macht, Autorität und Herrschaft zum Ausdruck gelangt. Man erinnert sich an die antiautoritäre Einstellung der späteren taoistischen Weisen, an die allein in den Bergen lebenden Weisen, die all dem völlig entsagt haben, an die Verachtung, mit der die Unsterblichen solche Bestrebungen betrachten. Doch im *Tao te king* wird die Ausübung von Macht nicht nur akzeptiert, sondern es werden sogar Anweisungen erteilt, wie man darin noch größere Effizienz erlangen kann. Warum?

Die Antwort liegt in zwei Aspekten, auf die bereits hingewiesen wurde. Dieser Text enthält nicht die Ansichten eines Autors, sondern er ist eine Sammlung weiser Aussprüche mit Kommentaren. Zweitens existierte der Taoismus der Weisen und Philosophen der Han-Dynastie und der Zeit danach nicht, als dieser Text entstand. In der traditionellen Darstellung von Laotses Lebensgeschichte weisen die Taoisten immer auf zwei Dinge hin. Wie K'ung war er während des größten Teils seines Lebens ein kleiner Beamter, der seinem Staat treu diente. Und als er aus seinen Diensten ausschied, tat er dies aus Empörung über die schlechte Verwaltung des Staates – dem gleichen Grund, den K'ung angibt – und nicht, weil er dem Staat die Existenzberechtigung absprach.

Die Verwendung von Paradoxien

Ein anderes wichtiges Element des *Tao te king* ist die Verwendung von Paradoxien. Sie sollen uns zum Nachdenken zwingen oder uns manchmal zeigen, daß unsere Bemühungen, zu denken und zu rationalisieren, zum Scheitern verurteilt sind. Paradoxien sind ein wichtiges Charakteristikum dieses Textes und auch späterer taoistischer Schriften, wie des *Dschuang Dsi* und des *Liä Dsi.*

Darum braucht der Berufene nicht zu gehen
und weiß doch alles.
Er braucht nicht zu sehen
und ist doch klar.
Er braucht nichts zu machen
und vollendet doch.
(*Tao te king*, 47. Kapitel)

Was halb ist, wird ganz werden.
Was krumm ist, wird gerade werden.
Was leer ist, wird voll werden.
Was alt ist, wird neu werden.
Wer wenig hat, wird bekommen.
Wer viel hat, wird benommen.
(*Tao te king*, 22. Kapitel)

Laotse erklärt, warum Paradoxien oder Widersprüchlichkeiten für das Verständnis des Tao so wichtig sind.

Wenn auf Erden alle das Schöne als schön erkennen,
so ist dadurch schon das Häßliche gesetzt.
Wenn auf Erden alle das Gute als gut erkennen,
so ist dadurch schon das Nichtgute gesetzt.
Denn Sein und Nichtsein erzeugen einander.
Schwer und Leicht vollenden einander.
Lang und Kurz gestalten einander.
Hoch und Tief verkehren einander.
Stimme und Ton sich vermählen einander.
Vorher und Nachher folgen einander.
(*Tao te king*, 2. Kapitel)

Das *Tao te king* geht von der Annahme aus, daß alles wahrnehmbare Reale paradox sein oder auf der Ausgewogenheit von Gegensetzlichkeiten beruhen muß. Darin drückt sich die traditionelle chinesische Auffassung aus, daß zwei polare Kräfte, genannt Yin und Yang, durch ihr Wechselspiel das Universum entstehen lassen. Diese sind einfach Naturkräfte, keine Götter oder göttlichen Kräfte mit einem eigenen Bewußtsein. Sie stellen die großen Gegensätze dar – Yin das Weibliche, das Kalte, das Weiche, das Feuchte und Yang das Männliche, das Heiße, das Harte, das Trockene. Nach der chinesischen Denkweise wird durch den ständigen Kampf dieser polaren Kräfte Yin und Yang um die Vorherrschaft der Kreislauf des Lebens aufrechterhalten. Wenn eine dieser Kräfte ihre stärkste Ausbildung erreicht hat, schlägt sie in den Gegenpol um. So beginnt sich die Natur im tiefen Winter, wenn das stärkste Yin herrscht, auf den Frühling und den Sommer – das Yang – zuzubewegen.

Diese Vorstellung von Yin und Yang dürfte im fünften bis dritten Jahrhundert v. Chr. – also in der Zeit, in der das *Tao te king* zusammengestellt wurde – eine konkrete Form angenommen haben. Laotse erwähnt die beiden Kräfte im 42. Kapitel des *Tao te king*, in dem er das Tao als kosmisches Ordnungsprinzip darstellt:

Der SINN (das Tao) erzeugt die Eins.
Die Eins erzeugt die Zwei.
Die Zwei erzeugt die Drei.
Die Drei erzeugt alle Dinge.
Alle Dinge haben im Rücken das Dunkle (Yin)
und streben nach dem Licht (Yang),
und die strömende Kraft gibt ihnen Harmonie.

Das Tao wird der Urquell allen Seins genannt. Dem Tao entspringen die beiden Kräfte Yin und Yang. Aus ihnen geht die Triade Himmel, Erde und Mensch hervor, und daraus entstehen alle existierenden Dinge. Dies ist eine kurze Zusammenfassung der Entstehung alles Seienden, wie sie im *Tao te king* dargestellt wird. Wenn man an die begrenzte Bedeutung denkt, die das Wort Tao einst hatte, oder auch an die Vorstellung vom Himmlischen Tao, die sich vor dem fünften Jahrhundert v. Chr. herausbildete, zweifellos eine beachtliche Entwicklung. Sie geht auch weit über die recht formale und funktionelle Auffassung hinaus, die K'ung vom Tao hatte.

Nicht-Tun

Eine Untersuchung des *Tao te king* wäre nicht vollständig, würde man sich nicht mit Laotses schwierigstem Begriff, dem Nicht-Tun, beschäftigen. Der chinesische Ausdruck dafür, *Wu-wei,* ist sehr schwer in eine andere Sprache zu übertragen. Die übliche Übersetzung lautet Nicht-Tun. Damit wird jedoch eine zu starke Passivität ausgedrückt, während das Ideal des *Wu-wei* darin besteht, etwas zu erreichen, indem man nicht in den natürlichen Lauf der Dinge eingreift, sondern das Tao wirken läßt. Manchmal wurde das *Wu-wei* als völlige Inaktivität interpretiert – etwa von den Sieben Weisen vom Bambushain, einer Gruppe betrunkener Poeten im dritten Jahrhundert n. Chr., von denen wir später noch hören werden. *Wu-wei* ist die Kunst des Seins, die Kunst, mit dem Tao so in Harmonie zu sein, daß alles geschieht, wie es geschehen soll – ohne daß man es erzwingt, anstrebt, plant, kauft oder begehrt, sondern einfach, indem es geschieht. Diese Haltung veranlaßte die späteren Taoisten, ihre Regierungsposten aufzugeben und sich vom Streben nach Macht und Autorität abzuwenden.

Diese Entwicklungen führten zur Entstehung des philosophischen Taoismus – des *Tao Chia.* Wir werden uns nun den beiden anderen großen Werken des philosophischen Taoismus zuwenden und feststellen, daß dem *Tao te king* etwas fehlt, das diese späteren Bücher auszeichnet – ein herrlicher und manchmal boshafter Humor!

Das *Dschuang Dsi*

Ich bin mir nicht sicher, ob man das *Dschuang Dsi* als einen »taoistischen« Text bezeichnen kann. Wie wir gesehen haben, wurden die Werke Laotses, Dschuang Dsis und Liä Dsis erst lange, nachdem sie gestorben waren, dem Taoismus zugeordnet. Sie selbst haben sich nicht als Taoisten bezeichnet, sondern erforschten einfach Dinge, die in ihrer Zeit und in ihrer Kultur relevant waren. Daß sie später einer bestimmten Richtung zugeordnet wurden, ist unser Problem, nicht das ihre! Daran müssen wir stets denken, wenn wir Dschuang Dsi lesen oder uns mit ihm beschäftigen, denn wir dürfen ihm keine Rolle aufzwingen, in der er sich selbst nie gesehen hat. Schließlich enthält sein Buch fast doppelt so viele Geschichten über K'ung (Konfuzius) wie über Laotse. Es sind darin zwar einige allgemein bekannte Ideen aus dem *Tao te king* wiedergegeben, doch wird dieses nie als Quelle angeführt, und nur einige wenige Stellen stammen mit ziemlicher Sicherheit aus dem *Tao te king*, während es Zitate aus den *Frühlings- und Herbst-Annalen* von K'ung enthält. Die Sprache dieses Buches unterscheidet sich so stark von der kryptischen, minimalistischen Sprache des *Tao te king*, als stamme es von einem anderen Planeten!

Natürlich wird in diesem Buch die Idee des Tao erforscht, doch es beschäftigt sich auch mit vielen anderen Ideen, die philosophische Schulen der damaligen Zeit entwickelt haben. Es befaßt sich mit dem Streben nach Unsterblichkeit, doch läßt sich manchmal schwer sagen, ob Dschuang Dsi die Praktikanten solcher Methoden lobt oder sich über sie lustig macht. Wie das *Tao te king* gelangt das *Dschuang Dsi* zu dem Schluß, daß die Sprache nichts erklären kann, doch zugleich durchbricht es die von der Sprache gesetzten Grenzen. Es enthält (wie das *Tao te king*) einige düstere Gedanken und Überlegungen, doch zum größten Teil besteht es aus Anekdoten, Witzen, humorvollen Gedankenspielen, Geschichten und dergleichen und ist somit eines der vergnüglichsten Bücher der chinesischen Literatur. Was hat das alles mit »Taoismus« zu tun? Um dies herauszufinden, wollen wir uns näher mit diesem hochinteressanten Buch befassen, das im Westen leider nie den Ruhm erlangt hat, den es verdient.

Dschuang Dsi – Der Mensch

Leider wissen wir so gut wie nichts über den angeblichen Autor des *Dschuang Dsi.* Dschuang Dsi lebte während der Regierungszeit König Huis von Liang (ca. 370–320 v. Chr.) und König Hsuans von Ch'i (319–301 v. Chr.) in der Zeit der Streitenden Reiche. Er wurde im Bezirk Meng im Königreich Sung, der heutigen Provinz Honan, geboren. Viel mehr weiß Ssu-ma Ch'ien nicht über ihn zu berichten; außer daß er den Ideen Laotses zugeneigt war, sich jedoch für alle philosophischen Richtungen seiner Zeit interessierte. Ssu-ma Ch'ien, der in der frühen Han- Zeit lebende Historiker, nennt ihn einen ausgezeichneten, überaus geistreichen Schriftsteller. Er erzählt eine Geschichte, die vielleicht einiges über diesen faszinierenden Menschen aussagt:

König Wen von Ch'u, der von der Begabung des Dschuang Dsi gehört hatte, sandte einen Boten mit reichen Geschenken an ihn, der ihn an seinen Hof laden und ihm die Stelle eines Ministers anbieten sollte. Dschuang Dsi aber lachte über dieses Angebot und sagte dem Boten aus Ch'u: »Tausend Pfund Gold sind gewiß eine schöne Summe; die Stellung eines Ministers ist gewiß eine sehr ehrbare. Aber hast du schon einmal einen Ochsen beobachtet, den man zum Opfer führt? Nachdem man ihn mehrere Jahre lang sorgfältig genährt hat, kleidet man ihn in reich bestickte Tücher, um ihn in den großen Tempel zu führen. Zu diesem Zeitpunkt möchte er dann wohl nur ein kleines Schweinchen sein, auf das niemand achtet, aber es ist zu spät. Verlasse mich! Beflecke mich nicht! Lieber möchte ich mich fröhlich in einer Schmutzlache tummeln als vom Herrn des Königreichs am Strick geführt zu werden. Um so leben zu können, wie es mir gefällt, werde ich niemals ein Amt annehmen.«

Es ist mit ziemlicher Sicherheit anzunehmen, daß Dschuang Dsi im Gegensatz zu Laotse das Buch, das seinen Namen trägt, zum großen Teil selbst schrieb oder daß seine Schüler viele wahre Geschichten über ihn sammelten. Wie vielen anderen großen Gestalten jener Zeit wurden ihm aber auch Geschichten zugeschrieben, die wahrscheinlich nicht von ihm stammen. Wie wir bei Laotse gesehen haben, war dies kein von den Kompilatoren begangener Betrug, sondern man pflegte auf diese Weise große Männer zu ehren. Es gibt große Meinungsverschiedenheiten darüber, welche der dreiunddreißig erhaltenen Kapitel des *Dschuang Dsi* er selbst verfaßt hat. Man ist sich jedoch ziemlich einig, daß die sogenannten Inneren Kapitel von jemandem verfaßt wurden, der den Autoren der übrigen Kapitel geistig weit überlegen war. Die Inneren Kapitel sind die ersten sieben. Große Teile der übrigen sechsundzwanzig Kapitel dürften der gleichen Feder entstammen, doch wurde der Text im Laufe der Jahrhunderte stark verstümmelt. Die heute als Standard geltende Ausgabe stammt von Kuo Hsiang (4. Jhdt. v. Chr.) und umfaßt dreiunddreißig Kapitel. Man weiß jedoch, daß Ssu-ma Piao zur gleichen Zeit eine Version mit Zweiundfünfzig Kapiteln herausgab, und daß im dritten Jahrhundert n. Chr. eine von Hsiang Hsiu zusammengestellte Ausgabe mit siebenundzwanzig Kapiteln erschien. Diese Unterschiede sollten uns veranlassen, den uns heute vorliegenden Text etwas vorsichtig zu betrachten!

Jedenfalls geht zumindest aus den ersten sieben Kapiteln hervor, daß wir es mit einem Mann voll Vitalität, Humor und geistiger Lebendigkeit zu tun haben, mit dem sich zu beschäftigen heute ebenso interessant ist wie vor vielen hundert Jahren. Im Gegensatz zum *Tao te king*, das völlig unpersönlich erscheint, hat das *Dschuang Dsi* eine starke persönliche Ausstrahlung.

Im *Dschuang Dsi* werden Geschichten erzählt, in denen eine geistige Auseinandersetzung stattfindet. Und als besten Freund betrachtete Dschuang Dsi jemanden, der völlig anderer Meinung war als er! Besonders gern widerspricht Dschuang Dsi den Ansichten eines Freundes namens Hui Dsi, der manchmal auch Hui Shih genannt wird! Hier als Beispiel eine der Diskussionen, wie sie sie gern führten:

Dschuang Dsi ging einst mit Hui Dsi am Ufer eines Flusses spazieren.

Dschuang Dsi sprach: »Wie lustig die Forellen aus dem Wasser herausspringen! Das ist die Freude der Fische.«

Hui Dsi sprach: »Ihr seid kein Fisch, wie wollt Ihr denn die Freude der Fische kennen?«

Dschuang Dsi sprach: »Ihr seid nicht ich, wie könnt Ihr da wissen, daß ich die Freude der Fische nicht kenne?«

Hui Dsi sprach: »Ich bin nicht Ihr, so kann ich Euch allerdings nicht erkennen. Nun seid Ihr aber sicher kein Fisch, und so ist es klar, daß Ihr nicht die Freude der Fische kennt.«

Dschuang Dsi sprach: »Bitte laßt uns zum Ausgangspunkt zurückkehren! Ihr habt gesagt: Wie könnt Ihr denn die Freude der Fische erkennen? Dabei wußtet Ihr ganz gut, daß ich sie kenne, und fragtet mich dennoch. Ich erkenne die Freude der Fische aus meiner Freude beim Wandern am Fluß.«

(*Dschuang Dsi,* 17. Kapitel)

Dschuang Dsi konnte Hui Dsi gegenüber sehr grob sein – was ihm Hui Dsi offenbar mit wahrer Freundschaft vergalt! Zum Beispiel diskutieren die beiden im 33. Kapitel über die philosophischen Schulen der damaligen Zeit, und Dschuang Dsi macht sich über Hui Dsis Ansichten lustig. Hui Dsi entwickelt Gedanken über das Tao, die denen Mo Tis und seiner Schule ähneln, der die Ansicht vertrat, alle Menschen seien der Liebe würdig und fähig, weil sie alle der gleichen Quelle entstammen. Hui Tsi geht noch weiter und meint, alle Dinge unter dem Himmel, die Myriaden von Geschöpfen, sollten gleichermaßen geliebt werden. Hier kommt Hui Dsi der im *Tao te king* vertretenen Auffassung nahe, das Tao sei das allumfassende Höchste Prinzip, aus dem alles entstanden ist. Im 33. Kapitel des *Dschuang Dsi* wird darüber gesagt: »Hui Shih vertrat eine überaus edelmütige Weltsicht und versuchte die Rhetoriker zu erleuchten.« Doch im gleichen Kapitel verspottet Dschuang Dsi Hui Shihs philosophische Bemühungen und meint, sie seien so bedeutsam wie die Gedanken einer Mücke. Am interessantesten für uns ist seine Bemerkung: »Wenn er größeren Respekt gegenüber dem Tao gezeigt hätte, wäre er der Wahrheit näher gekommen.«

Manchmal ist in den Geschichten des Buches Dschuang Dsis wahre Persönlichkeit zu erkennen. Am ergreifendsten sind seine Worte über Hui Dsis Tod, den er nie ganz verwunden zu haben scheint.

Dschuang Dsi war einst bei einer Beerdigung. Als er am Grab des Hui Dsi vorüberkam, da wandte er sich an seine Schüler und sprach: »In Ying war ein Mann, der hatte auf seiner Nase einen Schmutzfleck so dünn wie der Flügel einer Fliege. Er rief den Meister Stein, um ihn zu entfernen. Der Meister Stein war damit einverstanden. Sausend schwang er seine Axt. Der Schmutzfleck war vollkommen verschwunden, und die Nase war unverletzt. Der Mann von Ying hatte dagestanden, ohne mit der Wimper zu zucken. Der Fürst Yüan von Sung hörte von der Sache, berief den Meister Stein und sprach: »Versucht es einmal bei mir!« Der Meister Stein sprach: »Früher habe ich das wohl gekonnt, aber der Mann, an dem ich mich üben konnte, ist lange tot.«

(So geht es nun mir). Seit Hui Dsi tot ist, habe ich niemand mehr, mich zu üben, niemand mehr, mit dem ich reden könnte.«

(*Dschuang Dsi,* 24. Kapitel)

Wie wir sehen, war Dschuang Dsi ein Mensch, der sich gern mit seinen Freunden stritt und zugleich sehr an ihnen hing. Über alles aber ging ihm die persönliche Freiheit. Das ganze Buch unterscheidet sich stark vom *Tao te king* mit seinen ernsten, feierlichen Ratschlägen und atmet den Geist des traditionellen taoistischen Weisen, der Macht, Autorität und Würden als Illusion betrachtet, ihnen entsagt und sich in die Einsamkeit zurückzieht. Eine der berühmten Geschichten gibt uns Aufschluß über Dschuang Dsis Einstellung gegenüber konventionellem Denken. Dschuang Dsi gibt den Ereignissen in seinen Geschichten gern eine zum Nachdenken anregende Wendung. Er versucht uns damit von konventionellen Vorstellungen und Verhaltensmustern zu befreien und dazu zu bringen, tiefer zu blicken und die Fesseln der Konvention zu zerreißen, denn dadurch können wir Freiheit erlangen.

Die Frau des Dschuang Dsi war gestorben. Hui Dsi ging hin, um ihm zu kondolieren. Da saß Dschuang Dsi mit ausgestreckten Beinen auf dem Boden, trommelte auf einer Schüssel und sang.

Hui Dsi sprach: »Wenn eine Frau mit einem zusammengelebt hat, Kinder aufgezogen hat und im Alter stirbt, dann ist es wahrlich schon gerade genug, wenn der Mann nicht um sie klagt. Nun noch dazuhin auf einer Schüssel zu trommeln und zu singen, ist das nicht gar zu bunt?«

Dschuang Dsi sprach: »Nicht also! Als sie eben gestorben war, (denkst du), daß mich da der Schmerz nicht auch übermannt hat? Aber als ich mich darüber besann, von wannen sie gekommen war, da erkannte ich, daß ihr Ursprung jenseits der Geburt liegt; ja nicht nur jenseits der Geburt, sondern jenseits der Leiblichkeit; ja nicht nur jenseits der Leiblichkeit, sondern jenseits der Wirkungskraft. Da entstand eine Mischung im Unfaßbaren und Unsichtbaren, und es wandelte sich und hatte Wirkungskraft; die Wirkungskraft verwandelte sich und hatte Leiblichkeit; die Leiblichkeit verwandelte sich und kam zur Geburt. Nun trat abermals eine Verwandlung ein, und es kam zum Tod. Diese Vorgänge folgen einander wie Frühling, Sommer, Herbst und Winter, als der Kreislauf der vier Jahreszeiten. Und nun liegt sie da und schlummert in der großen Kammer, wie sollte ich da mit Seufzen und Klagen sie beweinen? Das hieße das Schicksal nicht verstehen. Darum lasse ich davon ab.«

(*Dschuang Dsi,* 18. Kapitel)

Der Tod ist in jeder Gesellschaft mit Tabus beladen, und besonders stark waren diese Tabus in der traditionellen chinesischen Gesellschaft mit ihrem Ahnenkult und ihren Todesritualen. Deshalb muß Dschuang Dsis Einstellung seinen Zeitgenossen noch schockierender erschienen sein als uns. Um dieses Bild zu vervollständigen, wollen wir uns anschließend noch eine Geschichte über den Tod ansehen, die er erzählt.

Meister Si, Meister Yü, Meister Li und Meister Lai sprachen untereinander: »Wer ist imstand, das Nichts zum Kopf, das Leben zum Rumpf, das Sterben zum Schwanz zu haben? Wer weiß es, daß Geburt und Tod, Leben und Sterben ein Ganzes bilden? Mit einem solchen wollen wir Freundschaft schließen.«

Da sahen sich die vier Männer an und lachten, und da sie alle im Herzen damit einverstanden waren, schlossen sie zusammen Freundschaft.

Nicht lange danach wurde Meister Lai krank und lag röchelnd im Sterben. Weib und Kinder umringten ihn unter Tränen.

Meister Li ging hin, um nach ihm zu sehen. Er sprach: »Fort, zieht Euch zurück! Haltet ihn nicht auf in seiner Verwandlung!«

Dann lehnte er sich an die Tür, redete mit ihm und sprach: »Groß ist der Schöpfer! Was wird er nun aus dir machen; wohin wird er dich jetzt führen? Wird er eine Rattenleber aus dir machen oder einen Fliegenfuß?«

(*Dschuang Dsi*, 6. Kapitel)

Dschuang Dsi – Der Denker

Dschuang Dsi sucht ständig die Vorstellung des Lesers zu zerstören, daß Veränderung etwas Schlechtes sei und daß alles gutgehen würde, wenn wir nur die bestehende Ordnung wiederherstellen und bewahren. In dem Postulat, daß Veränderung im Wesen des Tao liegt, vereinigt Dschuang Dsi Erkenntnisse aus dem *Tao te king* und dem *I Ging* – dem Buch der Wandlungen. Außerdem legt er das Fundament für das Streben nach Unsterblichkeit, den Weg, auf dem Wandlungsfähigkeit als Voraussetzung für ein ewiges Leben betrachtet wurde.

Immer wieder stoßen wir im *Dschuang Dsi* auf das Thema der Unsterblichkeit. Die Idee, daß es einen Ort oder Orte gibt, wo Menschen ewig leben, war in China mindestens seit dem fünften Jahrhundert v. Chr. verbreitet. Verschiedene Herrscher hatten Expeditionen ausgesandt, welche die Inseln der Unsterblichen oder das Kunlun-Gebirge im Westen suchen sollten. Zu der Zeit, als das *Dschuang*

Dsi zusammengestellt wurde, brachen mehrere solche Expeditionen auf. Da die Unsterblichkeit im späteren Taoismus eine große Rolle spielte, scheint es wichtig, was Dschuang Dsi darüber sagt.

Dschuang Dsi spricht immer wieder vom Höchsten Menschen. Ein solcher Mensch ist unempfindlich gegen Feuer und Wasser. Er kann sich von der Luft ernähren, auf Drachen durch die Lüfte reiten und den Tod überwinden. Nach Dschuang Dsis Beschreibungen stellt der Höchste Mensch eine Brücke zwischen Himmel und Erde dar. Hier begegnen wir wieder Fähigkeiten, die einst den Schamanen zugeschrieben worden waren – und in Dschuang Dsis Geschichten spielen öfter Schamanen eine Rolle, nicht immer eine sehr positive.

Im *Dschuang Dsi* ist der Höchste Mensch ein kosmisches Wesen. Er ist ein Symbol der vollkommenen Freiheit, da er völlig eins mit dem Universum und fähig ist, sich frei darin zu bewegen. Es ist jedoch fraglich, ob Dschuang Dsi das wörtlich gemeint hat. Ich glaube, daß der Höchste Mensch für ihn den vollkommenen Weg des Menschen und allen Lebens symbolisierte, daß er in ihm eher einen Archetyp als ein Vorbild sah, dem wir nacheifern können. Spätere Generationen betrachteten diese Darstellungen als Rezepte zur Erlangung der Unsterblichkeit. Ich vermute, daß Dschuang Dsi sich über solche Vorstellungen ziemlich lustig gemacht hätte. Aus all seinen Darstellungen geht hervor, daß sie nicht als Leitfaden zur Erlangung der Unsterblichkeit gedacht waren, sondern daß der Höchste Mensch für ihn eine Personifikation der Freiheit war, so zum Beispiel aus dem folgenden Auszug aus dem 2. Kapitel des *Dschuang Dsi*:

Der Höchste Mensch ist Geist. Wenn das große Meer im Feuer aufginge, vermöchte es ihm nicht heiß zu machen; wenn alle Ströme gefrören, vermöchte ihm das nicht kalt zu machen; wenn heftiger Donner die Berge zerrisse und der Sturm den Ozean peitschte, vermöchte ihm das nicht Schrecken einzuflößen. Einer, der also ist, der fährt auf Luft und Wolken; er reitet auf Sonne und Mond und wandelt jenseits der Welt. Leben und Tod können sein Selbst nicht verändern. Was erst sollten ihm da die Gedanken an Nutzen und Schaden sein!

Auch an anderen Stellen geht Dschuang Dsi auf diese Themen ein, zum Beispiel, wenn er über Weise wie Liä Dsi spricht, der der Überlieferung zufolge die Fähigkeit besaß, auf Wolken zu reiten. Doch nirgends sagt Dschuang Dsi, daß zwischen dem Höchsten Menschen und einem realen menschlichen Wesen ein Zusammenhang besteht. Deshalb vermute ich, daß der Höchste Mensch für Dschuang Dsi ein Symbol der vollkommenen Freiheit war, nicht etwa eine Verkörperung dessen, was der Mensch erreichen kann. Hinzukommt, daß Dschuang Dsi über Methoden zur Erlangung der Unsterblichkeit häufig in einem deutlich ironischen Ton spricht. Doch was Dschuang Dsi darüber auch gedacht hat, ist belanglos, denn der Taoismus entwickelte, wie wir später sehen werden, aus diesen Ideen seine Methoden zur Erlangung von Unsterblichkeit und Weisheit.

Immer wieder betont Dschuang Dsi, auf welche Weise man die Suche nach Weisheit nicht beginnen soll. Für das Streben nach Freiheit und Erkenntnis erteilt er sehr »taoistische« Ratschläge. Ein Beispiel dafür ist eine im 23. Kapitel enthaltene Geschichte. Ein Mann namens Nan-jung Chu sucht den Weisen Laotse auf, weil er hofft, daß dieser ihm helfen kann, mit seinen Sorgen und Ängsten fertigzuwerden. Laotse fragt ihn: »Was bringst du denn für eine Menge Leute mit?« Nan-jung Chu blickt erschrocken hinter sich, und ihm wird klar, daß Laotse die Sorgen und Befürchtungen meint, die er mitgebracht hat.

Dschuang Dsi weist auch immer wieder darauf hin, wie lang und mühsam die Suche nach Freiheit und Einheit mit dem Tao ist. Wie er schreibt, konnte Liä Dsi, nachdem er am Anfang drei Jahre bei seinem Meister verbracht hatte, nicht mehr zwischen Wahrheit und Unwahrheit unterscheiden. Zu diesem Zeitpunkt geruhte der Meister zum ersten Mal, ihn zu bemerken. Nach fünf Jahren begann er, den Unterschied zwischen Wahrheit und Unwahrheit zu erkennen. Da lächelte sein Meister ihn an. Als es ihm nach sieben Jahren gelang, sich von der Vorstellung zu befreien, daß es Wahrheit und Unwahrheit gibt, forderte ihn sein Meister zum ersten Mal auf, sich neben ihn zu setzen. Nach neun Jahren erkannte er schließlich, daß Innen und Außen das gleiche sind, daß Wahrheit und Unwahrheit unwesentlich sind. Da spürte er, daß sein physischer Körper zerfiel und belanglos wurde, und er merkte, daß der Wind ihn trug und wie ein Blatt vor sich her wehte.

Dies ist eine klassische Beschreibung der taoistischen Schulung – und man hat tatsächlich behauptet, daß sich die Techniken des Ch'an-Buddhismus (in Japan Zen) zum Teil aus Dschuang Dsis Texten herleiten. Das Tao, das sich nicht aussprechen läßt, kann nur in der Stille erkannt werden, und die Voraussetzung ist der Zusammenbruch des rationalen Denkens. Dies ist Dschuang Dsis Geheimnis – am besten ausgedrückt in der Geschichte, in der er träumt, ein Schmetterling zu sein (siehe S. 15).

Es ist an der Zeit, sich anzusehen, was Dschuang Dsi über die Idee des Tao sagt, und zu klären, ob er ein echter »Taoist« genannt werden kann. Es ist wichtig, sich klarzumachen, daß er das Tao nie definiert. Dies würde gegen seine Überzeugung verstoßen, daß solche Definitionen immer unzulänglich sind und in die Irre führen können. Dschuang Dsi sagt ganz deutlich, daß seine Fähigkeit, etwas über das Tao auszusagen, begrenzt ist. »Ich habe es in dieser und in jener Richtung durchwandert, doch immer noch weiß ich nur, wo es beginnt. Ich bin in seinen unermeßlichen Weiten nach Belieben umhergestreift. Ich weiß, wie ich zu ihnen gelange, aber ich weiß nicht, wo sie enden.« Für Dschuang Dsi ist das Tao das Höchste im Kosmos, in dem alles Leben eins ist. Da es die Quelle ist, die alles Leben hervorgebracht hat, die es ernährt und in die es zurückkehren wird, ist es auch die Essenz des Lebens an sich. Bei der Erforschung der Frage, auf welche Weise das Tao alles Existierende und somit das Einssein alles Existierenden ist, geht Dschuang Dsi weiter als Laotse. Das Tao zu begreifen bedeutet, das Einssein von allem zu begreifen. Im 2. Kapitel wird dies gut ausgedrückt.

Ob du einen Halm betrachtest oder eine riesige Säule, ob du einen Aussätzigen siehst oder die schöne Hsi-shih, ob du Dinge bemerkst, die merkwürdig und zweifelhaft sind oder schrecklich und seltsam – im Tao sind sie alle eins.

Das Tao ist für Dschuang Dsi auch ein Weg – der Weg zur Weisheit und darüber hinaus. So gibt es Menschen, die die Gaben eines Weisen besitzen, aber nicht das Tao eines Weisen, und andere, die das Tao eines Weisen besitzen, aber nicht die Fähigkeiten eines Weisen. Mit anderen Worten, das Tao wird zu einer Bewußtheit, die Erfahrungen, die man gemacht hat, und Erkenntnisse, die man besitzt, vertieft und umgekehrt. Dschuang Dsi macht jedoch auch deutlich, daß man, wenn man sich von dem leiten läßt, was nach weltlichen Maßstäben als nützlich erachtet wird, nie Zugang zum Tao finden wird. Nur wenn man das Bestreben aufgibt, auf rationale Weise Erkenntnis zu erlangen, erlangt man wahre Erkenntnis. Der äußeren Welt erscheint ein solches Handeln und Denken töricht. Dschuang Dsi veranschaulicht dies durch die folgende Geschichte:

Der Zimmermann Stein wanderte nach Tsi. Als er nach Kü Yüan kam, sah er einen Eichbaum am Erdaltar, so groß, daß sein Stamm einen Ochsen verdecken konnte; er maß hundert Fuß im Umfang und war fast so hoch wie ein Berg. In einer Höhe von zehn Klafter erst verzweigte er sich in etwa zehn Äste, deren jeder ausgehöhlt ein Boot gegeben hätte. Er galt als eine Sehenswürdigkeit in der ganzen Gegend. Der Meister Zimmermann sah sich nicht nach ihm um, sondern ging seines Weges weiter, ohne innezuhalten. Sein Geselle aber sah sich satt an ihm; dann lief er zu Meister Stein und sprach: »Seit ich die Axt in die Hand genommen, um Euch nachzufolgen, Meister, habe ich noch nie ein so schönes Holz erblickt. Ihr aber fandet es nicht der Mühe wert, es anzusehen, sondern gingt weiter, ohne innezuhalten. Weshalb?«

Jener sprach: Genug! Rede nicht davon! Es ist ein unnützer Baum. Wolltest du ein Schiff daraus machen, es würde untergehen; wolltest du einen Sarg daraus machen, er würde bald verfaulen; wolltest du Geräte daraus machen, sie würden bald zerbrechen; wolltest du Türen daraus machen, sie würden schwitzen; wolltest du Pfeiler daraus machen, sie würden wurmstichig werden. Aus dem Baum läßt sich nichts machen, man kann ihn zu nichts gebrauchen; darum hat er es auf ein so hohes Alter bringen können.«

Der Zimmermann Stein kehrte ein. Da erschien ihm der Eichbaum am Erdaltar im Traum und sprach: »Mit was für Bäumen möchtest du mich denn vergleichen? Willst du mich vergleichen mit euren Kulturbäumen wie Weißdorn, Birnen, Orangen, Apfelsinen und was sonst Obst und Beeren trägt? Sie bringen kaum ihre Früchte zur Reife, so mißhandelt und schändet man sie. Die Äste werden abgebrochen, die Zweige werden geschlitzt. So bringen sie durch ihre Gaben ihr eigenes Leben in Gefahr und vollenden nicht ihrer Jahre Zahl, sondern gehen auf halbem Wege zugrunde, indem sie sich selbst von der Welt solch schlechte Behandlung zuziehen. So geht es überall zu. Darum habe ich mir schon lange Mühe gegeben, ganz nutzlos zu werden, Sterblicher! Und nun habe ich es soweit gebracht, daß mir das vom größten Nutzen ist. Nimm an, ich wäre zu irgend etwas nütze, hätte ich dann wohl diese Größe erreicht? Und außerdem, du und ich, wir sind beide gleichermaßen Geschöpfe. Wie sollte ein Geschöpf dazu kommen, das andere von obenher beurteilen zu wollen? Du, ein sterblicher, unnützer Mensch, was weißt denn du von unnützen Bäumen!«

Dschuang Dsi erschien die Idee, eine Antwort auf die Frage »Was ist das Tao?« zu suchen, nicht nur lächerlich, sondern er hielt die Frage auch für falsch. Wir müssen uns damit abfinden, daß das Tao für ihn etwas Immanentes war – auf die Frage: »Wo ist das, was du Tao nennst?« antwortete er: »Es ist in dieser Ameise, in diesem Unkraut, in diesem tönernen Ziegel, in diesem Kothaufen« (22. Kapitel) – und zugleich etwas Transzendentes: »Es ist unerzeugt sich selber Wurzel. Ehe Himmel und Erde waren, bestand es von Ewigkeit ... Himmel und Erde haben es erzeugt« (6. Kapitel). Es ist das Höchste und es ist ein Weg; es ist ein unerkennbares Ziel und ein Anfang, den man aber nur erkennen wird, wenn man den weltlichen Weg verläßt. Es kann Herrschern den Weg weisen, doch es kann auch in die Irre führen, wenn man zu herrschen versucht. Der Weise weiß, wie er mit dem Tao zu herrschen und zu handeln hat. Der Höchste Mensch ist das höchste Symbol der Einheit von allem im Tao, und der Weise weist den Weg. Die Weisen alter Zeiten erlangten das Tao, und großen Meistern wie Liä Dsi wurde die Fähigkeit zuteil, sich mit dem Tao zu vereinen und mit ihm zu fließen. Doch würde man Dschuang Dsi bitten, das Tao näher zu beschreiben, es zu definieren oder zu erklären, wie man den Weg zu ihm findet, so würde ihm das ein schallendes Lachen entlocken, das durch all die Jahrhunderte bis zu uns dränge.

Seine Gedanken ermutigen uns, ihn einen Taoisten zu nennen, doch ihm selbst wäre es wahrscheinlich anmaßend erschienen, sich so zu bezeichnen. Dschuang Dsi ist der archetypische Narr, der die Konventionen ad absurdum führt, um uns den Weg zu höheren Erkenntnissen und Erfahrungen zu weisen. Deshalb ist es bedauerlich, daß so viele Menschen nicht in Dschuang Dsis Lachen eingestimmt, sondern jedes Wort von ihm als eine chiffrierte Botschaft betrachtet haben. Dschuang Dsis Lebendigkeit beruht darauf, daß seine Geschichten heute noch lustig, relevant und vor allem lehrreich sind.

Liä Dsi

Die letzte der großen Gestalten, deren Ideen sich zum Taoismus vereinigten, ist Liä Dsi, von dem Dschuang Dsi berichtet, er habe eine solche Einheit mit dem Tao erreicht, daß er auf Wolken reiten konnte.

Abgesehen davon, daß Dschuang Dsi ihn erwähnt, gibt es außer dem *Liä Dsi,* dem Buch, das seinen Namen trägt, so gut wie keine anderen Quellen, aus denen etwas über ihn zu erfahren ist. Einige Gelehrte bezweifeln sogar, daß er wirklich existiert hat, und behaupten, Dschuang Dsi habe ihn erfunden, um seine Ideen zu untermauern. Ich glaube jedoch, daß die über Liä Dsi angeführten Details und die Benutzung der Wendung »auf Wolken reiten« darauf hindeuten, daß Dschuang Dsi sich auf einen bereits existierenden Bericht über jemanden, der Liä Dsi hieß, gestützt hat. Wie der Leser bereits weiß, bedeutet Dsi einfach Meister, so daß uns der Name nicht viel sagt. Wir wissen weder, wo er geboren wurde, noch, wo er starb, obwohl Dschuang Dsi in einer Geschichte, die am Ende dieses Kapitels steht, seinen Tod erwähnt. Dem *Liä Dsi* zufolge lebte er in einem Ort namens Pu-t'ien im Land Cheng als Einsiedler. Zusammen mit seinem Freund Po-hun Wu-jen ließ er sich von einem Meister namens Hu Dsi unterweisen.

Liä Dsi war offenbar eine Gestalt, um die sich viele Geschichten rankten. Sie wurden, vermutlich von seinen Anhängern, gesammelt und in einem Buch zusammengefaßt, das seinen Namen trägt. Die Gelehrten sind sich nicht einig, wann das Buch entstanden ist. Viele chinesische Autoren nehmen an, im zweiten Jahrhundert v. Chr., während die meisten westlichen Gelehrten vermuten, daß es aus dem dritten Jahrhundert n. Chr. stammt. Ich persönlich finde die für das zweite Jahrhundert v. Chr. sprechenden Argumente überzeugender, und selbst, wenn dies nicht stimmt, so dürften doch die meisten Geschichten in ihrer Urfassung in dieser Zeit entstanden sein. Dem Leser fällt sofort auf, daß der Stil dem des *Dschuang Dsi* ähnelt, wenngleich er weniger geschliffen ist. Das Buch enthält Geschichten, Witze, Sagen und Legenden, vermischt mit tiefgründigen Betrachtungen und Zitaten. Ihm mangeln der funkelnde Witz und die Schlagfertigkeit des *Dschuang Dsi,* doch viele der Geschichten sind genauso gut.

Wie Dschuang Dsi sieht Liä Dsi im Tao die Quelle und den Sinn allen Lebens, das allumfassende Höchste Prinzip, das allen Erscheinungen zugrunde liegt und sie vereint. Besonders gut kommt dies in einer in Buch VIII enthaltenen Geschichte zum Ausdruck:

Der Herr Tiän von Tsi gab in seiner Halle ein großes Festmahl und saß inmitten von tausend Gästen.

Als Fisch und Geflügel hereinkamen, betrachtete er sie und sprach seufzend: »Wie gut ist doch der Himmel gegen die Menschen! Er läßt das Korn wachsen und bringt Fische und Vögel hervor zu unserem Gebrauch.«

Alle Gäste stimmten ihm zu wie ein Echo.

Es war aber der zwölfjährige Sohn des Bau dabei. Der machte eine vorlaute Bemerkung und sprach: »Es ist nicht so, wie der Herr sagt. Alle Wesen auf der Welt sind unsere Mitgeschöpfe. Unter diesen Geschöpfen gibt es nicht edlere und geringere. Sie überwältigen einander nur durch Größe, Klugheit und Kraft und essen dann der Reihe nach einander auf. Es ist aber nicht so, daß sie füreinander erzeugt wären. Was der Mensch an eßbaren Dingen unter die Hand bekommt, das ißt er auf. Aber das ist nicht ursprünglich vom Himmel für die Menschen erzeugt. Schnaken und Mücken beißen uns in die Haut, Wölfe und Tiger fressen unser Fleisch; aber darum hat doch nicht ursprünglich der Himmel den Menschen und sein Fleisch für Schnaken und Mücken, Wölfe und Tiger wachsen lassen.«

Im *Liä Dsi* begegnen wir Themen wieder, die wir aus dem *Dschuang Dsi* bereits kennen. Auch hier symbolisiert der Höchste Mensch die durch Vereinigung mit dem Tao erlangte Vollkommenheit. Im *Liä Dsi* verschmilzt sozusagen der politische Weise des *Tao te king* mit dem Höchsten Menschen des *Dschuang Dsi* zu einer merkwürdigen Mischung. Manchmal verwendet Liä Dsi, wenn er die Weisen oder Unsterblichen schildert, Begriffe, die das Tao selbst beschreiben. In Buch II sagt er:

Die Gu Schä Berge liegen auf einer Insel im Okeanos. Auf den Bergen wohnen selige Geister. Sie schlürfen den Wind und trinken den Tau und leben nicht von Brot und Korn. Ihr Herz ist abgrundtiefer Quelle gleich, ihr Leib jungfräulich. Sie wissen nichts von Zärtlichkeit und Liebe: Heilige und Weise sind bei ihnen Diener. Sie wissen nichts von Scheu und Zorn: Aufrichtige und Redliche sind bei ihnen Boten. Sie wissen nichts von Spenden und Gnade: und doch haben alle Wesen von selbst genug. Sie wissen nichts von Sammeln und Sparen: und doch gibt es von selbst keinen Mangel. Das Lichte und Trübe ist immer im Einklang; der Mond und die Sonne sind immer voll Klarheit; die Jahreszeiten sind immer milde; der Wind und der Regen sind immer gleichmäßig; die Pflege und Nahrung kommt immer zur Zeit; die Ernte des Jahres ist immer voller Segen. Und die Ernte kennt nicht Seuche noch Krankheit, die Menschen kennen nicht vorzeitiges Sterben, die Wesen haben nicht Fehler noch Mängel, und die Geister regen sich nicht.

Wie das *Dschuang Dsi* hat man das *Liä Dsi* als eine Art Leitfaden zur Erlangung der Unsterblichkeit betrachtet. Doch es war nicht Liä Dsis Absicht, einen solchen zu verfassen. Wie Dschuang Dsi interessiert ihn der physische Körper nicht, und auch gegenüber dem Tod hat er eine ähnliche Einstellung wie dieser.

Worin sich Liä Dsi von Dschuang Dsi unterscheidet, ist seine Einstellung gegenüber Konfuzius (K'ung). Ein ganzes Buch der acht Bücher des *Liä Dsi* trägt den Titel *Konfuzius.* Liä Dsi macht sich darin über die engstirnigen Konfuzianer seiner Zeit lustig, indem er K'ungs Streben nach dem Tao einen durch und durch »taoistischen« Sinn unterlegt, was es ihm ermöglicht, die Ambitionen der Konfuzianer zu verspotten. Während Dschuang Dsi K'ung manchmal verspottet und manchmal rühmt, zeigt Liä Dsi anhand von K'ungs Ideen die törichte Argumentation auf, deren sich die Konfuzianer bei philosophischen Diskussionen bedienten. Er stellt einen sehr demütigen K'ung dar, der die Bescheidenheit in Person ist. Das Bild, das uns hier von K'ung vermittelt wird, ist also ein ganz anderes als jenes, das uns seine eigenen Schriften und die seiner Anhänger vermitteln, aber dennoch interessant.

Der wahre Zustand der Weisheit

Liä Dsi will uns sagen, daß sich der zurückgezogene Weise, der taoistische Eremit in der Bergklause, derjenige, der dem normalen Leben völlig entsagt hat, auf dem rechten Weg befindet. Seine Geschichten sind zwar nicht so geschliffen wie Dschuang Dsis, doch manchmal weiß er das Wesentliche recht gut auszudrücken. Im Buch II zeigt er am Beispiel eines Betrunkenen, welches der wahre Zustand der Weisheit ist.

Nimm einen Betrunkenen, der vom Wagen fällt. Fällt er auch heftig, er stirbt nicht daran. Seine Knochen sind wie die der anderen Leute, aber er bleibt von deren Beschädigung verschont. Das macht: Seine Seele ist in sich abgeschlossen. Er merkt weder wie er fährt noch wie er fällt. Leben und Tod, Schrecken und Furcht dringen nicht in seine Brust, darum braucht er die Dinge, die er begegnet, nicht zu fürchten. Wenn nur der Mensch im Wein eine solche Abgeschlossenheit erlangt! Der Berufene ist geborgen im Geist, darum können ihm die Außendinge nicht schaden.

In vielen Geschichten weist Liä Dsi auch darauf hin, daß jemand, der lernen will, voll Demut beginnen und Schritt für Schritt fortschreiten muß – nicht durch Fragen, sondern durch geduldiges Beobachten und Nachdenken. Um dies zu veranschaulichen, zitiert Liä Dsi in Buch V, das den Titel »Die Fragen des T'angs« trägt, ein altes Gedicht:

Der Sohn eines guten Bogenmachers
beginnt mit Körbeflechten.
Der Sohn eines guten Schmiedes
beginnt mit der Herstellung von Werkzeugen.

Die Geschichten und Lehren des *Liä Dsi* sollen viel mehr als die des *Dschuang Dsi* dem Suchenden helfen, das Tao zu finden – natürlich nicht, indem sie ihm sagen, was das Tao ist, sondern indem sie ihm den Weg zu ihm weisen. Im *Liä Dsi* zeigt sich die Entwicklung vom *Tao te king* mit seinen Einsichten in die Wirklichkeit, die Sprache, den Sinn und die Kunst des Regierens über die witzigen und anarchistischen Weisheiten des *Dschuang Dsi* zu den Anfängen dessen, was wir heute als Taoismus kennen.

Bevor wir Liä Dsi verlassen, wollen wir uns noch eine Geschichte anhören, die Dschuang Dsi in Buch VII über ihn erzählt. Es geht darin um die Spannungen zwischen den philosophischen Gedanken dieser Autoren und den Divinationspraktiken des populären Taoismus und vor allem seiner schamanistischen Vorläufer.

Es war einmal ein göttlicher Zauberer, der kam von Tsi und ließ sich in Dscheng nieder. Sein Name hieß: Gi Hiän. Er wußte Tod und Leben, Sein und Nichtsein, Glück und Unglück, langes und kurzes Leben auf Jahr, Monat, Woche und Tag hinaus genau zu bestimmen wie ein Gott. Wenn die Leute von Dscheng seiner ansichtig wurden, so gingen sie ihm alle aus dem Wege.

Liä Dsi besuchte ihn, und sein Herz ward betört. Er kehrte zurück, um es dem Meister Hu Kiu anzusagen und sprach: »Anfangs hielt ich des Meisters Sinn und Lehre für vollkommen, nun aber gibt es eine, die doch wohl noch vollkommener ist.« Meister Hu sprach: »Ich kam mit dir nur bis zum Buchstaben, nicht bis zum Wesen selbst, und nun hast du wirklich den geheimen SINN (das Tao) erlangt? Was für Eier legen denn die Hennen ohne Hahn? Daß du über den geheimen SINN mit der Welt streitest, zeigt deine Arglosigkeit, darum hat der Mensch dich in die Hand bekommen und aus deinen Mienen gelesen. Versuche es einmal, ihn mit hierher zu bringen, damit ich es ihm zeige.«

Anderntags kam Liä Dsi mit ihm vor den Meister Hu. Beim Hinausgehen sprach er zu Liä Dsi: »Wehe, dein Lehrer wird sterben und nicht am Leben bleiben, er kann es höchstens noch eine Woche lang treiben. Ich habe Wunderliches gesehen, ich habe feuchte Asche gesehen.«

Liä Dsi ging wieder hinein und weinte bitterlich, also daß die Tränen seine Kleider feuchteten, und sagte es dem Meister Hu. Meister Hu sprach: »Ich habe ihm soeben im

Geiste die äußere Form der Erde gezeigt, wenn die Keime sich noch nicht regen und noch nicht da sind. So sah er wohl die Wirkung meiner Lebenskraft in verhaltenem Zustand. Komm noch einmal mit ihm.«

Tags darauf kam er wieder mit ihm vor den Meister Hu. Beim Hinausgehen sprach er zu Liä Dsi: »Zum Glück hat dein Lehrer mich getroffen. Er ist geheilt. Er hat völliges Leben. Ich sah eine gleichstehende Waage.«

Liä Dsi ging hinein und sagte es dem Meister Hu. Meister Hu sprach: »Ich habe ihm soeben im Geiste den vom Himmel befruchteten Boden gezeigt. Ohne daß von außen her ein Begriff oder etwas Wirkliches in ihn eingeht, regte sich zu meinen Füßen der Kreislauf des Lebens. Das war die gleichstehende Waage. So sah er mich wohl im Zustand der Güte. Komm noch einmal mit ihm.«

Tags darauf kam er wieder mit ihm vor den Meister. Beim Hinausgehen sagte er zu Liä Dsi: »Dein Lehrer ist nicht gesammelt, darum kann ich nicht in seinen Mienen lesen. Er soll versuchen sich zu sammeln, dann will ich wieder seine Mienen deuten.«

Liä Dsi ging hinein und sagte es dem Meister Hu. Meister Hu sagte: »Eben zeigte ich ihm im Geiste die große unergründliche Tiefe. So hat er wohl etwas von den Wirkungen meiner Beharrungskunst gespürt. Aber komm wieder mit ihm.«

Tags darauf kam er wieder mit ihm vor den Meister. Aber noch ehe er sich richtig hingestellt hatte, verlor er die Fassung und lief weg. Meister Hu sprach: »Lauf ihm nach!« Liä Dsi lief ihm nach, holte ihn aber nicht ein. Er kam zurück, meldete es dem Meister Hu und sprach: »Er ist verschwunden, er hat sich verloren, ich konnte seiner nicht habhaft werden.«

Meister Hu sprach: »Eben habe ich mich im Geiste gezeigt, wie vor aller Dinge Anfang mein Vater (der SINN) hervortrat. Ich bot ihm das Wesenlose und war unpersönlich. Er wußte nicht, was er daraus machen sollte. Es war ihm wie ein stürmender Wirbel, es war ihm wie eine fließende Woge, darum lief er weg.«

Danach meinte Liä Dsi, daß er noch nicht die ersten Anfänge gelernt habe. Er ging heim und kam drei Jahre lang nicht wieder hervor. Er kochte für sein Weib und brachte den Schweinen Futter, gleich als ob es Menschen wären. Um andere Geschäfte kümmerte er sich nicht. Allerhand Schmuck und Zier schaffte er ab. Nur die einfache Form ließ er bestehen. Alles Zerstreuende beseitigte er. Und das Eine dadurch erlangte er.

Die Anfänge des religiösen Taoismus

Im Jahr 221 v.Chr. wurde China in seinem Selbstverständnis schwerstens erschüttert. Mit einem Schlag wurden die Säulen, die das Land stützten, zerstört. Wohldurchdachte Regeln und Rituale wurden abgeschafft und ein Großangriff auf das Herz des alten China unternommen. Was war geschehen?

Ch'in Shih Huang Ti

Im Jahr 246 v.Chr. hatte ein Junge namens Chao Cheng den Thron des Staates Ch'in bestiegen. Dieser am weitesten im Westen gelegene Staat war eines der acht Königreiche, die in der Zeit der Streitenden Reiche entstanden waren. 256 v.Chr. hatte Chao Chengs Vater den benachbarten Staat Chou erobert. Als Chao Cheng den Thron bestieg, existierten noch sechs andere Staaten. Bis zum Jahr 221 v.Chr. hatte er sie alle erobert und besaß eine stehende Armee, die eine Million Mann stark war. Nachdem er das gesamte traditionelle China vereinigt hatte, nahm er im Jahr 221 den Kaisertitel Ch'in Shih Huang Ti an; das bedeutet: Erster Gelber Kaiser von Ch'in. Damit legte er sich bewußt den Titel Huang Tis zu, des berühmtesten und weisesten Kaisers des alten China, der zu einer Art Gottesnamen geworden war. Durch die Annahme dieses Titels kündigte er den Beginn einer neuen Ära an. In seinen Siegesproklamationen erklärte er, daß die Ch'in-Dynastie mindestens zehntausend Generationen lang an der Macht bleiben werde, was sich, wie wir sehen werden, als starke Übertreibung erwies. Doch wenigstens in einer Hinsicht hatte er nicht ganz unrecht. Der Name »China« leitet sich von dem Namen seiner Dynastie ab – so stark waren die Auswirkungen seines Regimes, nicht nur auf China, sondern weit über seine Grenzen hinaus.

Der Schock, den die Eroberungen und die aufgezwungene Einheit bei den Völkern Chinas hervorrief, war schrecklich. Die Zerstörung der bestehenden Ordnung und die Einführung bedrohlicher neuer Normen stürzte die philosophischen Schulen in ein Chaos. Ch'in Shih Huang Ti wandelte die noch bestehenden Lehnsdomänen in Bezirke und Kreise um, die direkt der Regierung unterstanden. Durch die Ernennung von Gouverneuren festigte er seine Macht. Er schickte Armeen in die Länder südlich des traditionellen China, das sich bis zum heutigen Vietnam erstreckte. Im Norden errichtete er große Teile der Chinesischen Mauer und verband andere Teile, welche die verschiedenen Staaten im Lauf der Jahrhunderte gebaut hatten, miteinander.

In der Nähe des heutigen Sian baute er einen großen Palast, mit dem wir uns später näher beschäftigen werden. Außerhalb Chinas ist er vor allem wegen seines riesigen Grabmals bekannt, in dem erst vor wenigen Jahren ein Heer von Soldaten aus Terrakotta entdeckt wurde. In China wurde er von späteren Generationen als Personifikation alles dessen angesehen, was an einer Regierung als schlecht betrachtet wurde und was im Widerspruch zu den chinesischen Traditionen stand. Es ist bezeichnend, daß Mao Tsetung Ch'in Shih Huang Ti als Vorbild betrachtete, denn bis zur kommunistischen Revolution gab es in China kein Ereignis, das das Land so erschüttert hat wie die Vereinigung unter Ch'in.

Ch'ins tiefgreifende Maßnahmen verwandelten China in ein Reich, das zusammengehalten werden konnte. Seinen Verwaltungsreformen verdankt noch das heutige China die

Einteilung in Bezirke und Kreise und die Grundstruktur seiner Regierung. Er führte auch als erster eine Systematisierung der Schrift durch. Während seiner Regierungszeit wurde die chinesische Schrift vereinfacht und vereinheitlicht, was eine allgemeine Kommunikation, unabhängig von regionalen sprachlichen Unterschieden, ermöglichte. All dies konnte er jedoch nur mit Skrupellosigkeit und Brutalität durchsetzen. Vor allem wurde ihm klar, daß er andere Anschauungen nicht dulden konnte und alternative Denk- und Verhaltensweisen ausrotten mußte. Deshalb befahl er im Jahre 213 v. Chr., alle alten Bücher zu vernichten. Alle Geschichtsbücher, Klassiker, Weisheitsschriften und so weiter mußten bei den Regierungsstellen abgeliefert werden und wurden verbrannt. Ausgenommen waren nur »nützliche« Bücher, darunter solche über Divination wie das *I Ging*, medizinische Werke wie das Buch des Gelben Kaisers und Bücher über die Landwirtschaft. Gelehrte, die Bücher zu verstecken versuchten, wurden hingerichtet. Angeblich wurden dreihundert Gelehrte, hauptsächlich Konfuzianer, lebendig begraben. Niemand weiß, wieviel damals für immer verloren ging. Auf jeden Fall war es eine Vernichtung kultureller Werte, die sich allenfalls noch mit der Zerstörung der Alexandrinischen Bibliothek vergleichen läßt.

Der weise Kaiser

Dieser Mann, der Tyrannei und kulturelle Verwüstung über China brachte, interessierte sich stark für einen der Hauptaspekte des späteren Taoismus – das Streben nach Unsterblichkeit. Tatsächlich betrachtete sich Ch'in Shih Huang Ti geradezu als den Prototyp eines Herrschers im Sinne Laotses und verwendete viele uns inzwischen vertraute Begriffe. Hier einige von Ssu-ma Ch'ien zitierte Inschriften auf Steintafeln, die Ch'in Shi Huang Ti im ganzen Land anbringen ließ:

Im einundzwanzigsten Jahr seiner Regierungszeit
leitet der Kaiser eine neue Epoche ein:
Normen und Maße werden berichtigt,
eine neue Ordnung eingeführt,
menschliche Angelegenheiten geregelt,
und es herrscht Harmonie zwischen Vätern und Söhnen.

Alles unter dem Himmel lebt zu Ehren des kaiserlichen Ahnentempels in Frieden. Der Kaiser gemäß seinem erhabenen Titel folgt dem Weg des Wahren Tao und der Tugend.

Der Hochwürdige Kaiser bestieg den Thron ... Seine gehorsamen Untertanen gedenken seiner Leistungen von Beginn an und preisen seine Tugend.

Unter seiner Herrschaft finden alle Dinge ihren Platz, alles ist dem Gesetz unterworfen;

Seiner Tugend, so groß und offenkundig, werden die, die uns folgen, nacheifern ohne Unterlaß.

Der weise Kaiser, der alles unter dem Himmel befriedet hat, ist unermüdlich in seinem Regieren.

Uns interessiert der »weise Kaiser« auf zwei Ebenen. Erstens war er von der Unsterblichkeit und von bestimmten religiösen und alchimistischen Anschauungen fasziniert, die später den populären Taoismus kennzeichneten. Zweitens warf er eine Reihe von Fragen nach dem Sinn des individuellen Lebens auf, die zur Entstehung des religiösen Taoismus mit seinen Antworten auf die Frage nach dem individuellen Lebenssinn und -zweck führten. In beiderlei Hinsicht stützte er sich auf schamanistische Vorstellungen, die, wie wir im 2. Kapitel gesehen haben, auch unter den Konfuzianern inoffiziell weiterbestanden. Vermischt mit Ideen, die der philosophische Taoismus hervorbrachte, erwachten sie in den Jahren nach der Ch'in-Dynastie zu neuem Leben, so daß sich in dieser Zeit eine Bewegung entwickelte, die sich selbst als »taoistisch« verstand.

Das Streben nach Unsterblichkeit

Beginnen wir mit dem Streben nach Unsterblichkeit, von dem Ch'in Shih Huang Ti besessen war. Als man ihm erzählte, daß es im Ostchinesischen Meer drei Inseln gab, auf denen die Unsterblichen lebten, sandte er mehrere, mit dreitausend jungen Männern und Frauen besetzte Schiffe aus, die er beauftragte, diese Inseln zu suchen. Niemand weiß, was sie fanden, denn sie kehrten nie zurück.

Als nächstes befahl er drei Schamanen und Gelehrten, sich auf die Suche nach dem Elixier der Unsterblichkeit zu machen. Ähnliche Expeditionen sandte er immer wieder aus, doch ohne Ergebnis. Als Ch'in Shih ärgerlich wurde, versuchte ihm ein gewisser Lu, ein Magier und Schamane mit beachtlichen Fähigkeiten, die Gründe für den Mißerfolg auseinanderzusetzen:

Unsere Suche nach dem Zauberpilz, seltenen Kräutern und den Unsterblichen hat zu nichts geführt. Es scheint, daß ein unheilvoller Einfluß gegen uns war. Es ist meine ehrliche Überzeugung, daß Ihr gut beraten wäret, von Zeit zu Zeit heimlich Euer Quartier zu wechseln, um bösen Geistern zu entrinnen; denn während ihrer Abwesenheit wird sich ein reines Wesen einstellen. Wenn Untertanen den Aufenthaltsort ihres Herrschers kennen, lenkt sie dies von seiner Göttlichkeit ab. Ein reines Wesen kann nicht von Wasser benetzt oder von Feuer verbrannt werden; es kann auf den Wolken und der Luft reiten, und es lebt so lange wie Himmel und Erde existieren.

(Ssu-ma Ch'ien)

Der Kaiser befahl daraufhin, alle seine Paläste durch überdachte Wege zu verbinden, damit er sich, ohne gesehen zu werden, von einem zum andern begeben konnte. Interessant ist an Ssu-ma Ch'iens Bericht vor allem die Sprache, in der er die Unsterblichen beschreibt. Mit ähnlichen Worten beschreibt Dschuang Dsi den Höchsten Menschen. Offenbar wurden zur Zeit Ch'in Shih Huang Tis (ca. 220 v. Chr.) die Darstellungen des *Dschuang Dsi* nicht in übertragenem Sinn sondern wörtlich verstanden. Aus dem Weg *der* Unsterblichen wurde der Weg *zur* Unsterblichkeit.

Trotz all seiner Bemühungen starb der Kaiser im Jahr 210 v. Chr. In den elf Jahren, in denen er über ganz China herrschte, hatte er das Land grundlegend verwandelt, doch seine Dynastie überlebte ihn nur um vier Jahre. Sie wurde vom Gründer der Han-Dynastie gestürzt, und für China begann eine seiner glanzvollsten Epochen.

Huang-Lao – Der frühe Taoismus

Die geschilderten Ereignisse hatten im ganzen Reich weitreichende Nachwirkungen. Vor Ch'in Shih Huang Tis Herrschaft hatte sich der größte Teil des Volkes damit zufriedengegeben, durch die Nachkommenschaft Unsterblichkeit zu erlangen. Die Idee eines persönlichen Weiterlebens nach dem Tod war vor der Han-Dynastie nicht sehr weit verbreitet gewesen. Das Individuum sah den Sinn des Lebens darin, Teil der familiären Gemeinschaft zu sein, und vor dem ersten Jahrhundert v. Chr. hätten die meisten Chinesen den Gedanken an ein persönliches Weiterleben nach dem Tod als sehr merkwürdig von sich gewiesen. Schließlich wurde die Erinnerung an eine Person durch den Ahnenkult über viele Generationen hinweg wachgehalten. Man glaubte, auch nach dem Tod Teil der größeren Familie zu bleiben, sowohl physisch als auch spirituell. Was das bedeutete, war den Menschen nicht ganz klar. Dieser Glaube entsprang der schamanistischen Weltanschauung, der zufolge die physische Welt nichts weiter als ein Abbild der spirituellen Welt war.

Wenn man als einzelner im konfuzianischen Denken Trost suchte, wurde einem wenig geboten. K'ung selbst hatte es aufgegeben, über ein Leben nach dem Tod Spekulationen anzustellen, weil es schon schwierig genug war, mit der jetzigen Realität fertigzuwerden, und es müßig schien, sich über Gegebenheiten einer anderen Welt Gedanken zu machen. Die starre hierarchische Struktur des Systems der kindlichen Ergebenheit brachte es mit sich, daß jeder seinen durch Konventionen bestimmten Platz in der Welt hatte und existenzialistische Zweifel kaum aufkamen. Es ist für uns schwer vorstellbar, wie stark die Identität des einzelnen durch die Familie bestimmt war. Die Familie, die auf Geschlecht und Alter beruhende Rangordnung, die Hierarchie von Herrschenden und Beherrschten waren unabänderliche Gegebenheiten, Teil der kosmischen Ordnung.

Dann erschien Ch'in Shih Huang Ti und demonstrierte, wie vergänglich, zerbrechlich und veränderbar dies alles war. Innerhalb von elf Jahren zerstörte er die bestehende Ordnung, und unter der Han-Dynastie wurden seine Reformen fortgesetzt – aus dem einfachen Grund, weil sie funktionierten. Als Folge dieser Entwicklung verschwanden die kleinen Königreiche mit ihren Herrschersippen. Die alten Lehren wurden kritisiert und zerschlagen. Plötzlich schien alles unter dem Himmel und auf Erden durch menschliches Handeln veränderbar. Alte Gegebenheiten, deren ewige Gültigkeit man nie bezweifelt hatte, erwiesen sich als Strukturen, die zerschlagen, zerstört oder zumindest wesentlich verändert werden konnten. In dieser Situation begannen die Menschen zu fragen, welche Stellung und Bedeutung der Einzelne in der Gesellschaft hatte, etwas, worüber die große Mehrheit nie nachgedacht hatte. Es ist bezeichnend, daß in dieser Zeit die ersten größeren Kommentare zum *I Ging* verfaßt wurden, die hervorheben, daß ständiger Wandel etwas ist, das in der Natur der Dinge liegt.

Diese Fragen riefen auch den Wunsch hervor, größere Gewißheit über das persönliche Weiterleben nach dem Tod zu erlangen, als sie der Ahnenkult bot, und sich Klarheit über die Beziehung des Menschen zu den Göttern in dieser Welt und im Jenseits zu verschaffen. Während bisher die Schamanen die Verbindung zwischen der Gemeinschaft und der spirituellen Welt hergestellt hatten, wurde es den Menschen jetzt immer wichtiger, selbst die Fähigkeit zu erwerben, böse spirituelle Kräfte zu kontrollieren oder abzuwehren.

Man beschäftigte sich aber auch mit tiefgründigeren Fragen. Die Herstellung des Gleichgewichtes zwischen Yin und Yang, die hauptsächlich eine Aufgabe des Herrschers gewesen war, wurde nun zu einer Sache, an der in gewissem Maß alle Menschen teilhatten. Für das, was die Menschen bisher dem König oder Kaiser überlassen hatten, begann sich nun jeder einzelne verantwortlich zu fühlen. So waren Krankheit, Leid, Unglück und so weiter nichts mehr, worüber der Mensch keine Kontrolle hatte, sondern Folgen von Verstößen gegen die natürliche Ordnung des Tao. Die Menschen bemühten sich herauszufinden, welche Kräfte der geistigen Welt sich gegen sie verschworen hatten, und suchten nach Möglichkeiten, sie zu kontrollieren oder zu beschwichtigen.

Die Folge war, daß in der frühen Han-Zeit die populären Methoden der Divination, wie Physiognomie, *Feng Shui* (Geomantie) und ähnliche Praktiken, starke Verbreitung fanden. In der Zeit von 208 v. Chr. bis zum Ende des ersten Jahrhunderts n. Chr. kam es zu einer geradezu explosionsartigen Ausbreitung religiöser, magischer und divinatorischer Praktiken und Glaubenslehren. In diesen fruchtbaren Boden sickerten verschiedene Ideen der großen Philosophen ein. So erfuhr die Idee vom Höchsten Menschen eine starke Popularisierung und wurde zu einem Ziel, das jedermann erreichen konnte. Akademische Vorstellungen vom Göttlichen und den Naturkräften wurden personifiziert und verehrt.

Auch die großen Philosophen wurden zu Göttern erhoben. Konfuzius, der sich stets gegen religiöse Spekulationen ausgesprochen und die Relevanz des Spirituellen geleugnet hatte, wurde gegen Ende des ersten Jahrhunderts v. Chr. zunehmend als Gottheit verehrt und angebetet, und 59 n. Chr. wurde dies vom Kaiser durch einen Erlaß sanktioniert, in dem er das Volk aufforderte, Konfuzius Opfer darzubringen. In der gleichen Zeit wurden auch Laotse und Huang-Ti, der Gelbe Kaiser, gemeinsam als Gottheit namens Huang-Lao verehrt. Um 100 v. Chr. gab es mindestens drei Gottheiten, die von den Taoisten verehrt wurden: Laotse, der Gelbe Kaiser und T'ai-i, das »Höchste Eine«, eine Verkörperung des Tao, der allen Erscheinungen zugrundeliegenden Einheit. Im Lauf der weiteren Entwicklung wurden Laotse und der Gelbe Kaiser zu menschlichen Manifestationen, Avataras oder Inkarnationen des »Höchsten Einen« und wurden als solche allgemein geachtet und verehrt.

Laotse, der erste Mensch

In einigen aus dem dritten Jahrhundert n. Chr. stammenden Schriften wird Laotse sogar mit P'an-ku, dem ersten Menschen der Mythologie gleichgesetzt, welcher der Erde ihre heutige Form verlieh, indem er sein Leben hingab. Diesem Mythos zufolge verwandelte sich P'an-kus Blut in die Flüsse, seine Haare wurden zu Bäumen und Wäldern und seine Knochen zu Felsen. Als die Taoisten Laotse zu P'an-ku machten, gingen sie noch etwas weiter. Sein linkes Auge wurde zur Sonne, sein rechtes Auge zum Mond. Aus seinem Bart wurden die Planeten, aus seinen Knochen die Felsen, aus seinem Fleisch die vierfüßigen Tiere und aus seinem Bauch das Meer.

Das Tao te king als Ratgeber

Dem *Tao te king* erging es nicht besser. Die »Taoisten« betrachteten es als ihre wichtigste Schrift, doch auf eine Weise, die Laotse wohl kaum gutgeheißen hätte. Das *Tao te king* war zu einem moralischen Leitfaden geworden, aus dem man Ratschläge für die tägliche Lebensführung herauslas. Es wurde auch benutzt, um böse Geister abzuwehren, denn seit die alten Schamanen ihre Bedeutung verloren hatten, hatte die Angst der Menschen zugenommen, und die bösen Geister waren zu schrecklichen Kräften geworden, gegen die man wenig tun konnte. Einen guten Eindruck davon, was für eine Art Ratgeber das *Tao te king* geworden war, vermittelt ein Kommentar zu den ersten Zeilen des 1. Kapitels:

Das Tao, das sich aussprechen läßt – das bedeutet: am Morgen gute Dinge zu essen; *der nicht ewige Name* – das bedeutet: am Abend auf die Toilette zu gehen ... *Des Geheimnisses noch tieferes Geheimnis:* das sind Nase und Mund.

(Zitiert in *Taoism and Chinese Religion* von Henry Maspero, University of Massachusetts Press, 1981).

Der Taoismus als Glaube

Ich habe immer wieder darauf hingewiesen, daß die Ideen Laotses und seiner Nachfolger Dschuang Dsi und Liä Dsi nur einen Teil der Einflüsse darstellten, die sich zu dem zusammenfügten, was Taoismus genannt wird. Einer der anderen großen Einflüsse, die zum Entstehen des »Taoismus« beitrugen, war die schamanistische Weltsicht, aus der sich die Idee vom Tao als dem Höchsten sowie die populären Anschauungen über die Verbindung der spirituellen Welt mit der materiellen Welt entwickelten. Hinzu kommt als dritter Faktor das Streben nach Unsterblichkeit. Ich glaube nicht, daß Dschuang Dsi den Höchsten Menschen als ein für gewöhnliche Menschen oder auch für Weise erreichbares Ziel betrachtete. Wie ich schon in dem Abschnitt über Dschuang Dsi sagte, bin ich überzeugt, daß er damit ein Ideal der Vollkommenheit meinte. Doch obwohl er und Liä Dsi über Unsterblichkeit stets mit einem leicht skeptischen Unterton sprechen, scheinen sie sie doch für möglich gehalten zu haben. Dschuang Dsi verwendet bei seiner Darstellung Liä Dsis Begriffe, wie sie traditionell auf Unsterbliche angewandt wurden.

Wie wir gesehen haben, waren auch Herrscher wie Ch'in Shih Huang Ti mit der Idee der Unsterblichkeit wohlvertraut. Obwohl dieser sich der Ausdrucksweise der »taoistischen« Philosophen bediente, scheint er sich auch auf eine Tradition gestützt zu haben, die weiter verbreitet war als die »taoistische«. Wie sie entstanden ist, läßt sich nicht sagen – vielleicht aus Laotses Idee vom Höchsten Menschen, der zum Ideal der Herrscher und schließlich zum Ideal aller Menschen wurde. Ich vermute jedoch, daß es sich um einen anderen Einfluß handelte, der Teil jener Mischung wurde, die wir heute Taoismus nennen. Es hat viele Bemühungen gegeben, im *Tao te king,* im *Dschuang Dsi* und so weiter Rezepte und Anweisungen zur Erlangung der Unsterblichkeit zu entdecken. Vielleicht gibt es darin solche Hinweise, doch es besteht kein Zweifel, daß die Idee der Unsterblichkeit auch außerhalb dieser Schulen weit verbreitet war.

Man muß sich klar darüber sein, daß es den »Taoismus« erst gibt, seit sich die drei Hauptströmungen – Schamanismus und *Fang-shi,* die Schulen Laotses und Dschuang Dsis und das Streben nach Unsterblichkeit – vereinigt hatten. Vorher waren es voneinander weitgehend unabhängige Lehren, obwohl sie sich in gewissem Maß bereits gegenseitig beeinflußten, und neben ihnen entstand als eigenständige Richtung der Konfuzianismus. Wenn wir vom religiösen Taoismus sprechen, ist damit also eine dynamische Verbindung zwischen diesen verschiedenen Komponenten gemeint. Dieser Hinweis ist wichtig, da viele, die das *Tao te king* gelesen haben, ohne zu wissen, welche Rolle es in China spielt, zutiefst verstört sind, wenn sie auf den religiösen Taoismus stoßen. Deshalb greifen viele den religiösen Taoismus an und nennen ihn eine Verfälschung des reinen philosophischen Taoismus. Das ist jedoch dem Taoismus gegenüber ungerecht; es ist so ähnlich, als würde man sagen, daß die Demokratie etwas zu Gutes ist, um politische Parteien damit herumpfuschen zu lassen – eine unrealistische und letzten Endes unsinnige Äußerung. Dies gilt auch für die Behauptung, der reine Taoismus sei zum religiösen Taoismus degeneriert. Erstens haben sich die philosophischen Lehrer nie in erster Linie als »Taoisten« betrachtet. Zweitens hat es einen »reinen« Taoismus, falls er je existiert hat, siebzehn oder achtzehn Jahrhunderte lang nicht gegeben. Drittens war die Richtung, die sich als religiöser Taoismus verstanden hat, immer eine Mischung aus den erwähnten verschiedenen Strömungen und kann deshalb nicht allein degeneriert sein.

Leider haben die Menschen des Westens oft die Bücher anderer Kulturen gelesen, ohne sich mit ihrer Entstehung und praktischen Bedeutung zu beschäftigen und sich mit der Problematik sehr unterschiedlicher Realitätsmodelle und Lebensformen auseinanderzusetzen. Deshalb hat man im Westen häufig eine ziemlich romantische Vorstellung vom Taoismus, die mit dem Taoismus, wie ihn die Chinesen seit zweitausend Jahren leben und lieben, etwa ebensoviel zu tun hat wie Hitler mit dem Pazifismus!

Nun wollen wir untersuchen, was jede der drei Strömungen zur Entstehung des Taoismus beigetragen und wie sie ihn beeinflußt hat.

Männer und Mythen

Ende 1927 wurde auf dem Drachen-und-Tiger-Berg in der Provinz Kiangsi ein Herrschergeschlecht von seinem Stammsitz vertrieben. Eine kommunistische Einheit hatte sich von der Nationalarmee getrennt und marschierte zur Küste, um sich dem ersten chinesischen Sowjet, den P'eng P'ai in Hailufeng, nördlich von Kanton, gegründet hatte, anzuschließen. Unterwegs unternahmen sie einen Angriff auf den Drachen-und-Tiger-Berg. Der Abt des Berges, der Himmlische Meister T'ien Shih, verließ seinen Stammsitz und flüchtete. Die Soldaten zerschmetterten Tausende antiker Krüge und Gefäße, die sie in den riesigen Tempelanlagen fanden, womit sie die von den Himmlischen Meistern in vielen Jahrhunderten geleistete Arbeit zunichte machten und nach Meinung der Gläubigen Tausende überaus böser Dämonen und Geister freiließen. Der Taoismus als praktizierte, lebendige Religion ist eng mit diesem Berg und den T'ien Shih, den Himmlischen Meistern des Taoismus, verbunden.

Die T'ien Shih

Zur Zeit der späten Han-Dynastie, im zweiten Jahrhundert n. Chr., hatten sich viele der Richtungen, aus denen der populäre Taoismus entstehen sollte, etabliert. Das Streben nach persönlicher Erlösung und nach Lebenssinn hatte zugenommen, nicht zuletzt durch das Aufkommen des Buddhismus. Magie, Exorzismus und Divination waren den Schamanen entglitten, hatten aber noch keine gesellschaftlich akzeptierte neue Form gefunden. Die Macht der großen Han-Dynastie war im Schwinden begriffen, und schwierige Zeiten kündigten sich an.

Die frühe Han-Dynastie hatte China einst der Ch'in-Dynastie entrissen und das Land von 207 v.Chr. bis 9 n. Chr. regiert. Nach einem kurzen Interregnum des Sozialrevolutionärs Wang Mang (9–23 n.Chr.) sammelte die Han-Dynastie ihre Kräfte, konnte den Thron zurückgewinnen und regierte weitere zweihundert Jahre. Doch sie erwies sich als weit weniger fähig als die frühe Han-Dynastie. Vor allem führte sie ein hartes Besteuerungssystem ein, um den riesigen kaiserlichen Hof finanzieren zu können. Die dadurch hervorgerufene Unzufriedenheit führte in der Mitte des zweiten Jahrhunderts in ganz China zum Ausbruch von Revolutionen.

Chang Tao Ling

In diesen wechselhaften Zeiten wurde Chang Ling geboren. Er soll um das Jahr 150 n.Chr. in der Provinz Setschuan zur Welt gekommen sein, anderen Quellen zufolge im Jahr 34. Er behauptete, ein Nachkomme des berühmten Chang Liang zu sein, der 206 v.Chr. der Han-Dynastie mit magischen Formeln, die er von Laotse selbst erhalten haben soll, geholfen hatte, die Macht zu übernehmen.

Chang Ling war ein Wunderkind. Mit sieben Jahren konnte er das *Tao te king* lesen und verstehen. Mit acht Jahren beherrschte er die Kunst des *Feng Shui* und der Astrologie. Als junger Mann entwickelte er ungewöhnliche Kräfte und eine starke Autorität. Vor allem scheint er ungeheuere Heilkräfte besessen zu haben, mit denen er Menschen von körperlichen und psychischen Krankheiten befreite. In vieler Hinsicht ähnelt er den alten Schamanen oder *Fang-shih*, doch es gab einen wichtigen Unterschied.

Chang Ling beschränkte sich nicht darauf, zu heilen, Dämonen auszutreiben und zu predigen. Er organisierte auch seine Anhänger zu einer Bewegung, was eine solche Persönlichkeit noch nie getan hatte.

Chang Lings Methode war ganz einfach, aber revolutionär. Wie Ssu-ma Ch'ien und andere Autoren berichten, sammelte sich auch um andere große *Fang-shih* eine Gefolgschaft aus den Menschen, die sie aufsuchten, doch hatte sie noch keiner zu einer festen Gruppe zusammengefaßt. Chang Ling tat dies auf zweierlei Weise. Erstens mußte jeder, der seine Hilfe suchte, im Jahr danach ein Honorar an ihn entrichten, das aus fünf Scheffeln Reis bestand. Da dies eine ziemlich große Menge war und die Bezahlung für viele Jahre garantiert war, war es Chang Ling möglich, aus seinen Anhängern eine immer stärker anwachsende Organisation aufzubauen. Die Honorare sicherten dem Schamanen nicht nur seinen Lebensunterhalt, sondern er konnte damit auch eine wachsende Hierarchie von Anhängern, Priestern und anderen Funktionären bezahlen. Deshalb wurde Changs Gruppe die Fünf-Scheffel-Reis-Sekte genannt.

Chang Ling behauptete, Laotse (der inzwischen allgemein als Gott verehrt wurde) habe ihm die Anweisungen zum Aufbau seiner Organisation erteilt und ihn ermächtigt, seine Anhänger zu vierundzwanzig Gruppen – dem »Bund der Rechten Einheit« – zusammenzuschließen. Dieser Bund wurde der Überlieferung zufolge im Jahr 142 n. Chr. gegründet. Laotse soll Chang Ling auch Macht über die dämonischen Mächte verliehen und seine Heilkräfte bestätigt haben, so daß sich in seiner Person die Kräfte der spirituellen Welt mit den Strukturen der materiellen Welt verbanden. Der Schamane war damit zum Beherrscher sowohl der materiellen als auch der spirituellen Welt geworden.

Es ist schwer zu sagen, was Chang Ling wirklich lehrte. Aus späteren Berichten geht hervor, daß er seinen Anhän-

Chang Tao Ling mit einem die Dämonen bannenden Talisman

gern Wohlergehen aufgrund persönlicher Erlösung und Reinigung verhieß und ihnen verschiedene Methoden zur Erlangung der Unsterblichkeit vermittelte. Seine Heilungsmethode bestand darin, daß er den Kranken aufforderte, alle seine Sünden und Fehler auf ein Blatt Papier zu schreiben. Dann mußte dieser das Blatt über den Kopf halten und in einen Fluß waten, der ihn von allen Sünden reinwusch und damit von seiner Krankheit befreite. Diese Lehre war insofern etwas grundlegend Neues, als sie Krankheit auf persönliche Sünden zurückführte und nicht nur körperliche, sondern auch psychische und spirituelle Heilung verhieß. Chang Ling, der den Namen Chang Tao Ling annahm, um auf die Quelle seiner Kraft und Autorität hinzuweisen, bot den Menschen eine tiefere und umfassendere Befreiung als alle anderen Systeme. In einer Zeit des Autoritätsverfalls errichtete er eine neue Ordnung. Während in bestimmten Kreisen der Buddhismus mit seiner Erlösungsidee zunehmend Verbreitung fand, schuf er innerhalb des Taoismus ein eigenes Erlösungsmodell. Deshalb kann man ihn als Revolutionär bezeichnen.

Auch mit dem Titel »Himmlischer Meister«, den er sich zulegte, scheint er die alte Funktion des Schamanen auf eine neue Ebene zu erheben. Er behauptete, nicht mehr ein Diener der spirituellen Welt – ein Vermittler zwischen ihr und den Menschen – zu sein, sondern diese Kräfte zu beherrschen. In späteren Legenden wird er als der Höchste Mensch Dschuang Dsis und der Weise des *Tao te king* dargestellt. Daß er sich als Himmlischer Meister bezeichnete, war eine theologische Behauptung, die seiner Lehre eine besondere Bedeutung verlieh. Er erklärte, nicht nur die himmlischen Kräfte zu beherrschen, sondern auch deren positive Wirkungen auf andere – gewöhnliche Sterbliche – übertragen zu können. So wurde gewöhnlichen Menschen, die sich der Sekte anschlossen, die Aussicht auf Erlösung und Glück geboten, die Möglichkeit, durch die Beherrschung der Kräfte der spirituellen Welt Reichtum, Sicherheit, Gesundheit und Wohlergehen zu erlangen. Und das alles für fünf Scheffel Reis im Jahr!

Es ist nicht verwunderlich, daß Chang Ling bald eine beachtliche Schar von Anhängern um sich versammelt hatte, die organisiert werden mußte. Noch interessanter ist, daß er den Titel »Himmlischer Meister« für vererbbar erklärte. Nun gab es nicht nur eine Schar von Anhängern, nicht nur genügend Geld, um die religiösen Institutionen zu erhalten, nicht nur einen persönlichen Platz im Himmel für gewöhnliche Menschen, sondern auch eine klare Regelung der Nachfolge.

Bevor wir betrachten, was sein Sohn und sein Enkel aus all dem machten, müssen wir uns noch ein wenig mit Chang Ling beschäftigen. Im populären Taoismus gibt es keine Gestalt, die höheres Ansehen genießt. Chang Lings religiöser Titel ist Chang T'ien Shih, und als dieser wird er

Chang Tao Ling und seine Talismane

heute in der ganzen chinesischen Welt verehrt und angebetet. In den Almanachen, die ein großes Sortiment religiöser Artikel enthalten, stehen die Talismane Chang Tao Lings an erster Stelle. Es heißt, daß Chang Tao Ling vom Himmel ein Schwert und ein Siegel verliehen wurden, die ihm Macht über die Dämonen gaben. Mit dem Schwert und dem Siegel und dem Rezitieren verschiedener Zauberformeln konnte er Tausende von Dämonen einfangen oder erschlagen und dadurch Menschen von Krankheiten und Sorgen befreien. Als er zum Himmel aufstieg und ein Unsterblicher wurde, vermachte er das Schwert und das Buch mit den magischen Formeln seinen Nachkommen. Diese Zauberformeln werden heute noch häufig angewendet. Allein das Rezitieren von Chang Tao Lings Namen soll genügen, um Dämonen zu vertreiben. In den Almanachen findet man zahlreiche Talismane mit Chang Tao Lings Bild.

Das Schwert Chang Tao Lings soll sich bis 1927 auf dem Drachen-und-Tiger-Berg befunden haben. Mit ihm waren die Dämonen gefangengenommen worden, die in den Gefäßen in den Tempeln eingesperrt waren.

Chang Tao Ling war jedoch nicht nur Exorzist, sondern auch Oberbefehlshaber der Himmlischen Heerscharen, die gegen böse Drachen und Dämonen kämpften. Man schrieb ihm auch zahllose Wunder und übernatürliche Fähigkeiten zu.

Unter anderem soll er imstande gewesen sein, sich in zwei Teile zu spalten, so daß die eine sich mit Gästen unterhalten oder Schüler unterrichten und die andere fischen gehen konnte!

Chang Heng und Chang Lu

Um 160 n.Chr. starb Chang Tao Ling oder stieg, wie die Taoisten sagen, zum Himmel auf und wurde ein Unsterblicher. Sein Sohn Chang Heng wurde Oberhaupt der Glaubensgemeinschaft, tat jedoch wenig zur Weiterentwicklung des religiösen Taoismus. Erst Chang Lu, Chang Tao Lings Enkel, tat sich wieder durch eingreifende Reformen hervor. Die Macht der Han-Dynastie nahm schnell ab. In ganz China kam es zu kleineren Rebellionen, vor allem aber in den abgelegenen Provinzen. Die Kaiserliche Zentralregierung war nicht imstande, genügend Armeen aufzustellen und bat deshalb die Provinzgouverneure und ihre Streitkräfte um Hilfe. Im Jahr 188 n.Chr. wurde Chang vom örtlichen Gouverneur, Liu Yen, ersucht, den Befehl über eine Armee zu übernehmen und mit dieser und seinen eigenen Leuten gegen Shu Ku, einen der Rebellen, vorzurücken.

Um seine Truppen zu verstärken, bat Chang das Oberhaupt einer anderen taoistischen Glaubensgemeinschaft namens Chang Hsiu um Hilfe. Chang Hsiu hatte eine Gruppe gegründet, die der von Chang Tao Ling nicht unähnlich war. Er führte Heilungszeremonien durch, bei denen er seine Patienten einsperrte und ihnen befahl, über die von ihnen begangenen Sünden, die ihre Krankheit verursacht hatten, nachzudenken. Wenn sie ihre Sünden auf drei Blatt Papier geschrieben hatten, wurde ein Blatt auf einem Berggipfel hinterlegt, eins wurde in der Erde vergraben und eins ins Wasser geworfen. Dafür mußten die Kranken, wie Chang Tao Lings Anhänger, fünf Scheffel Reis im Jahr bezahlen. Wie Chang Tao Ling hatte Chang Hsiu eine hierarchische religiöse Organisation aufgebaut, die das Leben und die Rituale der Gläubigen streng überwachte. Vermutlich hatte er Chang Tao Ling kopiert, denn erst zwischen 170 und 180 n. Chr. wurde über Chang Hsiu zum ersten Mal berichtet – dreißig oder mehr Jahre, nachdem Chang Tao Ling bekannt wurde.

Die beiden Changs besiegten mit ihren Armeen gemeinsam den Feind. Dann nahm Chang Lu die Dinge allein in die Hand. Er ließ Chang Hsiu, auf den er offenbar eifersüchtig war, umbringen und vereinigte dessen Gruppe mit seiner eigenen. In einem abgelegenen Teil des nördlichen Setschuan errichtete er eine taoistische Theokratie und verkündete deren Unabhängigkeit vom Kaiserreich. Dieser taoistische Staat existierte dreißig Jahre und stellte einen bemerkenswerten Versuch dar, die im *Tao te king* enthaltenen Lehren über Staatskunst in die Praxis umzusetzen, doch stützte sich Chang Lu auch auf idealisierte halbhistorische Gestalten, wie den Gelben Kaiser. Das Hauptfundament jedoch bildeten das *Tao te king,* die Heilungsrituale und die Theokratie. Die Fünf-Scheffel-Reis-Sekte kürzte das *Tao te king* auf eine Länge von 5000 Schriftzeichen. Jede Familie mußte ein Exemplar des *Tao te king* besitzen und es täglich studieren. Sicher wäre Laotse über viele der in den offiziellen Kommentaren enthaltenen Ideen sehr erstaunt gewesen, doch auf diese Weise erlangte das *Tao te king* innerhalb des sich entwickelnden religiösen Taoismus eine ganz besondere Bedeutung.

Unter Chang Lus Herrschaft lebten die Menschen in dieser Zeit, in der die Dynastie zusammenbrach, in größerer Sicherheit als in vielen anderen Teilen Chinas. Chang Lu erließ sehr positive Gesetze, baute an den Straßen Rasthäuser, in den Reisende gratis verköstigt wurden, verbot für die Hälfte des Jahres die Tötung von Tieren, schränkte die Herstellung und den Verkauf von Alkohol ein und schuf eine Justiz, die gegenüber Kriminellen, die er für besserungsfähig hielt, sehr nachsichtig war. Die landwirtschaftlichen Methoden wurden verbessert, neue Straßen gebaut und Stellen für die Verteilung von Lebensmitteln an Arme eingerichtet. Alles in allem ging es den Menschen unter seinem Regime wesentlich besser als denen im übrigen China.

Als nach dreißig Jahren klar wurde, daß der Staat seine Autorität wiederherzustellen gedachte, war Chang so weise, abzutreten und sein restliches Leben in Zurückgezogenheit zu verbringen. Der Titel »Himmlischer Meister« wird bis heute an seine Nachkommen vererbt. In späteren Jahren erwarben sie riesige Ländereien, die sie wie Fürstbischöfe regierten, mit ihrem Ministaat auf dem Drachen-und-Tiger-Berg als Mittelpunkt.

Yu Chi und Chang Chiao

Vielleicht haben Sie bemerkt, daß alle Persönlichkeiten, die in der frühen Geschichte des religiösen Taoismus eine Rolle spielten, Chang hießen. Gleich werden wir wieder auf einen Chang stoßen, doch um zu zeigen, daß der Name

Chang nicht obligatorisch war, wollen wir uns zuerst mit jemandem beschäftigen, der Yu Chi hieß. Yu Chi war eine weitere dieser faszinierenden Gestalten, die den Schamanismus mit der Medizin und der Psychologie kombinierten. Er lebte etwa zur gleichen Zeit wie Chang Tao Ling, und es wird behauptet, daß dieser sein Schüler war. Yu Chi heilte durch Rituale und Magie, gründete jedoch keine religiöse Gruppe, sondern wählte den traditionellen Weg, ein Buch über seine Lehren zu schreiben. Dieses Buch, von dem leider nur noch Fragmente erhalten sind, hieß *T'ai p'ing Ch'ing ling Shu* (Das Buch vom Höchsten Frieden und der Reinheit). Es bestand aus einer merkwürdigen Mischung aus Ritualen, magischen Formeln und Äußerungen der *Fang-shih* über alte kosmologische Theorien und wurde zur Lehrgrundlage der späteren taoistischen Sekten. Im fünften Teil des Kanons taoistischer Schriften steht es an erster Stelle.

Yu Chi behauptete, dieses Buch sei ihm von den Göttern eingegeben worden. Er erklärte darin, daß der Himmel, die Erde und die Herrscher der Menschheit vom wahren Weg abgekommen seien und daß keine Ausgewogenheit zwischen Yin und Yang mehr bestehe. Deshalb brauche den Herrschern kein Gehorsam mehr geleistet zu werden, sondern das wichtigste sei, die rechte Ordnung des Kosmos wiederherzustellen. Dieser Glaube, daß die Struktur der Gesellschaft und des Kosmos zusammengebrochen sei, führte einige Jahrzehnte später zu einem blutigen Aufstand.

Im Jahr 184 begann ein neuer Sechzig-Jahre-Zyklus des chinesischen Kalenders. Chang Chiao hatte in den östlichen Provinzen eine starke militante und missionarische taoistische Heilungssekte aufgebaut. Sie hieß *T'ai p'ing Tao* (Weg des Höchsten Friedens), und ihre Hauptschrift war neben dem *Tao te king* Yu Chis Buch. In weniger als zehn Jahren hatte ihr Gründer Chang Chiao ein imposantes Ordnungssystem und eine gut organisierte Glaubensgruppe errichtet, die zum großen Teil auf den von den anderen Changs entwickelten Ideen basierten. Als 184 der neue Sechzig-Jahre-Zyklus begann, kam es unter Chang Chiaos Leitung zur Rebellion. Nach seiner Lehre war die Ära des Blauen Himmels (die Zeit der Han-Dynastie) zu Ende. Eine neue Ära, die Zeit des Höchsten Friedens, sollte beginnen, wenn die Regierung der Han-Dynastie von der des Gelben Himmels abgelöst wurde. Um diese neue Ära einzuleiten, schlangen sich die Soldaten Chang Chiaos gelbe Tücher um den Kopf – daher der Name »Aufstand der Gelben Turbane«.

Obwohl Chang Chiao den Soldaten versprochen hatte, daß Waffen sie nicht verletzen konnten und daß der Gelbe Kaiser und Laotse ihnen beistehen würden, wurde der Aufstand brutal niedergeschlagen. Es heißt, daß die Truppen des militanten Taoismus über 350000 Mann stark waren. Bis in die ersten Jahre des dritten Jahrhunderts flackerte die Rebellion immer wieder auf, bis die Sekte sich für einen weniger gewalttätigen Taoismus und gegen einen bewaffneten Aufstand entschied. Doch die Idee eines kämpferischen Taoismus war keineswegs tot. Sie erwachte im Lauf der Jahrhunderte immer wieder zu neuem Leben, so daß viele Kaiser dem Taoismus gegenüber Mißtrauen hegten. In dieser Zeit wurden hinter den Mauern taoistischer Klöster die Kampfsportarten entwickelt und gelegentlich bei Aufständen eingesetzt.

Der erste Kanon taoistischer Schriften

In den nächsten Jahrhunderten wuchsen und vermehrten sich die Sekten und Gruppen auf der populären Ebene des organisierten Taoismus. Eine ungeheure Ausbreitung und Entwicklung von Ideen fand in dieser Zeit statt. Viele Gelehrte sind der Ansicht, daß das Wachsen des »religiösen« Taoismus darauf zurückzuführen ist, daß immer mehr krasser Aberglaube in ihn Eingang fand, doch ich halte dies – in Übereinstimmung mit einer wachsenden Zahl von Gelehrten – für eine große Ungerechtigkeit. In Wirklichkeit war es eine Zeit ungeheurer Kreativität und tiefgründiger theologischer Auseinandersetzungen, die sich in Ritualen, Praktiken und Texten niederschlugen.

Im Jahr 471 n.Chr. wurde der erste Kanon taoistischer Schriften zusammengestellt. Er enthielt über 1200 Bücher der bis heute bestehenden Haupttraditionen. Diese drei Haupttraditionen hatten inzwischen ein Konzept der Erlösung des Kosmos entwickelt, das radikal mit den Vorstellungen des traditionellen, auf die Familie bezogenen chinesischen Denkens brach. Es hatte eine ganze Gesellschaftsklasse, die Armen und die Arbeiter, befreit, indem es nicht nur persönliche Erlösung verhieß, sondern Anteil an der Erlösung des Kosmos, und es hatte eins der komplexesten Systeme religiöser Glaubensüberzeugungen, Gottheiten und Lehren geschaffen, die je existiert haben – nach allen Normen eine bemerkenswerte Leistung. Dazu gehörten Richtungen, die alle möglichen esoterischen Methoden zur Erlangung der Unsterblichkeit entwickelten, Kampfsportschulen, Alchimisten, philosophische Trunkenbolde und Humoristen und natürlich auch die Schar von Scharlatanen, Gaunern und frommen Betrügern, die jede Religion anzieht!

Bevor wir uns mit den Unsterblichkeitsschulen, den Alchimisten und den philosophischen Humoristen beschäftigen, wollen wir die drei Hauptrichtungen betrachten, deren Lehren der erste taoistische Kanon enthielt, denn viele von ihnen haben zur Entstehung des heutigen Taoismus beigetragen.

Der Weg der Himmlischen Meister

Die erste, wenngleich nicht bedeutendste dieser Schulen ist die der Himmlischen Meister, manchmal auch nach Chang Tao Lings geoffenbarter Schrift Weg der Rechten Einheit genannt. Der größte Beitrag, den die Nachfolger Chang Tao Lings und Chang Lus geleistet haben, ist die Einführung des taoistischen Priesters, des *Tao shih*, mit seinem örtlichen Tempel und seiner zum Himmlischen Meister – einer Art Erzbischof – führenden Hierarchie, und die Schaffung der örtlichen »Pfarrgemeinde«, für die der *Tao shih* verantwortlich war. In Verbindung damit wurde auch die Bezahlung der Arbeit solcher Spezialisten eingeführt. Dieses System bildet bis heute die Existenzgrundlage des Taoismus in China. Buddhistische Mönche hingegen waren, da sie keine feste Gemeinde hatten, auf Almosen angewiesen. Sie konnten dazu aufgefordert werden, Geburts-, Hochzeits- oder Beerdigungszeremonien abzuhalten, während Rituale, Segnungen und so weiter zum festen Aufgabenbereich der *Tao shih* gehörten. Diese Regelung ist in nicht geringem Maß der Sekte der Himmlischen Meister und den von ihr durchgeführten Reformen zu verdanken. Der heutige Himmlische Meister, ein Nachkomme Chang Tao Lings, lebt auf Taiwan, wo die Gemeindestruktur weitgehend erhalten geblieben ist.

Mao Shan

Die zweite Gruppe trägt den Namen Mao Shan: Schule des Berges Mao. Grundlage dieser Sekte sind ihre sehr merkwürdigen, doch schönen Schriften, die sogenannten *Shang-ch'ing*-Schriften. Ebenso ungewöhnlich ist der Umstand, daß sie von einer Frau gegründet wurde, denn der Taoismus war eine vorwiegend männliche Religion.

Wei Hua-ts'un, die Gründerin der Mao Shan-Sekte, lebte von 251 bis 334 n.Chr. Nach ihrer Priesterausbildung heiratete sie und gründete eine Familie. Als ihre Kinder

Taoistischer »Gemeinde«-Priester

erwachsen waren, wandte sie sich wieder dem Studium des Taoismus zu. Während ihrer Meditationen erschienen ihr häufig Unsterbliche und gaben ihr die ersten Teile der *Shang-ch'ing*-Schriften ein. Nach ihrem Tod setzte ihr Sohn die Niederschrift der Lehren fort, wobei ihm ein gewisser Yang Hsi half.

Im Jahr 364 n. Chr. wurde Yang Hsi von Geistern auf den Berg Mao gerufen. Dort erschien ihm Wei Hua-ts'un in Begleitung einer Schar Unsterblicher, und sie diktierten ihm gemeinsam den restlichen Teil der Schriften. Während eines ziemlich langen Zeitraums schrieben Yang Hsi und zwei Freunde die Offenbarungen auf und fügten sie den von Wei Hua-ts'un zu ihren Lebzeiten empfangenen hinzu.

Die gesammelten Schriften füllten mehrere große Kisten. In den nächsten hundert Jahren wurde ihnen ein schreckliches Geschick zuteil. Aus Gründen, die hier nicht erörtert werden können, wurden Teile von ihnen verkauft, gestohlen, verschenkt, verliehen und nicht zurückgegeben, kopiert und gefälscht, plagiiert, mit geschmolzenem Blei versiegelt, von den Behörden beschlagnahmt und schließlich, soweit dies möglich war, in ganz China wieder eingesammelt. Wohl selten ist mit heiligen Schriften solcher Mißbrauch getrieben worden, doch schließlich fanden sie im ersten Kanon taoistischer Schriften ihren letzten Ruheplatz.

Diese Schriften waren jedoch nicht der einzige Beitrag der Mao Shan-Schule zur Entwicklung des Taoismus. Als wichtiger Weg zur Wahrheit und Unsterblichkeit wurde in dieser Schule die Meditation betrachtet. In den Mao Shan-Schriften ist die Vision eines Taoismus dargestellt, der weniger weltlich oder ekstatisch ist als jener der beiden anderen großen Schulen. In ihnen werden stille Meditation und ein zurückgezogenes Leben empfohlen – jener Weg des abgeklärten Nicht-Tuns *(Wu-wei)*, der häufig mit dem Taoismus gleichgesetzt wird.

Diese Lehren sind in den *Shang-ch'ing*-Schriften enthalten, doch am stärksten wurde die Mao Shan-Tradition durch das Vorbild und die Lehren eines Mannes geprägt, der in der Zeit, als der erste taoistische Kanon verfaßt wurde, auf dem Mao Shan-Berg lebte und T'ao Hung-ching hieß. Er lebte von 456 bis 536 n. Chr. T'ao Hung-ching half bei der Suche nach den Originaltexten des *Shang-ch'ing* und veröffentlichte sie für die Elite der damaligen Zeit. Auf dem Berg empfing er die edelsten und weisesten Menschen des Landes. Was er lehrte, hatte große Ähnlichkeit mit den damaligen buddhistischen Meditationsmethoden, und deshalb wurde er häufig von buddhistischen Meistern aufgesucht, die ihn sehr schätzten.

T'ao erklärte ganz offen, daß er die meisten Rituale und Praktiken der anderen taoistischen Schulen als Hokuspokus oder zumindest als wirkungslos betrachtete. Nach seiner Lehre mußte man, um volles Gewahrsein und möglicherweise Unsterblichkeit zu erlangen, die Aufmerksamkeit durch reine Meditation nach innen richten, Körper und Geist von allen Geistern und Gedanken leeren und sich auf diese Weise auf die Vereinigung mit dem Höchsten Tao vorbereiten. Durch diese Vereinigung konnte man Unsterblichkeit erlangen.

Während T'ao diese Meditation und damit die Methode des Sichzurückziehens lehrte, veränderte sein spiritueller Nachfolger Wang Yuan-chih (der angeblich 525 geboren wurde und 655 starb) die Lehren und machte sie viel größeren Bevölkerungskreisen zugänglich, indem er erhabene Rituale und Liturgien für die Vereinigung mit dem Kosmos und dessen Erneuerung einführte. Diese Tradition hat sich bis heute erhalten, und ihre Schönheit, Einfachheit und Tiefe ist es, die Andersgläubige am Taoismus so anziehend finden.

Die Ling-pao-Schule

Die *Ling-pao*-Schule entstand ebenfalls im vierten bis sechsten Jahrhundert, hat jedoch keine zentrale Lehrergestalt. Sie scheint eher eine Bewegung gewesen zu sein, welche die Lehren der bereits existierenden Sekten und Traditionen mittels vielfältiger Rituale und Liturgien popularisierte. Die Bezeichnung *Ling-pao* bedeutet »Magisches Juwel« und bezieht sich auf die heiligen Schriften, auf die sich die Sekte stützte. Diese Schriften sollen am Anfang der Welt spontan entstanden sein und die Form von mit goldenen Zeichen beschriebenen Jadetäfelchen angenommen haben. Diese Schriften wurden von Gottheiten aufbewahrt und an die taoistischen Gläubigen weitergegeben. Das Hauptbuch der *Ling-pao*-Schule ist das *Ling-pao wu-fu ching* – Das Buch der fünf Zauber des Magischen Juwels. Viele der von der *Ling-pao*-Schule entwickelten Rituale sind im Taoismus bis heute erhalten geblieben und haben dazu beigetragen, seine Hauptlehren – Magie, Langlebigkeit und Unsterblichkeit – zu popularisieren.

Spätere Kanons

Das Ergebnis der individuellen Arbeit dieser drei Hauptschulen war, daß der im Jahr 471 n. Chr. zusammengestellte erste Kanon taoistischer Schriften nicht weniger als zwölfhundert Schriftrollen umfaßte. Der nächste systematische Kanon stammt aus dem Jahr 748. Der damalige Kaiser T'ang Hsuan-tsung (der sich für einen direkten Nachkommen Laotses hielt), schickte Gelehrte und Forscher in alle chinesischen Provinzen mit dem Auftrag, die heiligen Schriften zurückzubringen. Diese wurden zum *Exquisiten Kompendium der Drei Kanons* zusammengestellt (der Titel ist eine Imitation der buddhistischen Tripitaka – des »Dreikorbs« der buddhistischen Schriften). Der 748 erstellte Kanon umfaßt siebentausenddreihundert Bücher und Schriftrollen! Die nächste revidierte Ausgabe des Kanons erschien 1019, in der Zeit der Sung-Dynastie. Sie trägt den Titel *Kostbarer Kanon des Himmlischen Palastes des Großen Sung* und enthält nur 4565 Schriften. Im Jahr 1444 wurde unter dem Ming-Kaiser Ch'eng-tsu der letzte Kanon zusammengestellt und gedruckt: die *Schriften des Taoistischen Kanons des Großen Ming,* mit 5318 Schriften der größte Schriftenkanon der Welt. Er ist heute zum großen Teil völlig unverständlich, weil die Sprache und die Symbolik unklar sind oder der letzte Kenner einer bestimmten Schrift vor Hunderten von Jahren gestorben ist und den Schlüssel zur Auslegung nicht weitergegeben hat.

Die Ch'uan Ch'en-Schule

Zuletzt muß bei dieser Untersuchung der Hauptschulen eine weitere taoistische Schule erwähnt werden, die später als die drei anderen entstand, doch ebenso wichtig war. Es ist die Ch'uan Ch'en-Schule, deren Gründer der im zwölften Jahrhundert n. Chr. lebende Wang Chung-yang war. Die Schule ist deshalb wichtig, weil in ihr nicht nur viele Aspekte des klösterlichen Taoismus weiterentwickelt wurden, sondern vor allem, weil in ihr die Grundgedanken der damals in China verbreiteten Religionen – des Konfuzianismus, des Buddhismus und des Taoismus – vereinigt wurden. Dies zeigt sich in ihren Schriftensammlungen, welche die Klassiker des Taoismus, das *Tao te king* und das *Shang-ch'ing*, konfuzianische Abhandlungen über die kindliche Ergebenheit und das buddhistische *Pan-juo Hsin-ching* enthalten. Der Name der Schule, *Ch'uan Ch'en*, bedeutet »Verwirklichung der Wahrheit«, doch ihr zweiter Name »Rechte Religion des Goldenen Lotus« *(Chin-lien Cheng-tsung)* entstammt dem Buddhismus.

Einer Legende zufolge empfing Wang Chung-yang die Lehren und Praktiken von niemand anderem als Lu Tung Pin, dem berühmtesten der Acht Unsterblichen, von dem wir später noch hören werden. Kern der Lehre war der Rückzug aus der Welt der Politik und der irdischen Angelegenheiten. Dies bedeutete nicht nur den Rückzug in eine Einsiedelei in den Bergen oder in die Abgeschiedenheit eines Klosters, sondern auch den Verzicht auf die weltlichen Freuden, denn sich von etwas angezogen zu fühlen, hieß, von der Befriedigung materieller Bedürfnisse und Wünsche abhängig zu sein. Der *Ch'uan Ch'en*-Weg hingegen besteht darin, durch tiefe Meditation das Yin zu verringern und das Yang zu stärken. Um dies zu erreichen, schliefen die meisten Mitglieder nicht, und Wang selbst verbrachte zwei Jahre zehn Fuß unter der Erde.

Noch bedeutsamer waren die unter Wangs Nachfolger Ch'ang Ch'un eingeführten Reformen. Er betrachtete den Taoismus als die ursprüngliche Wahrheit, war aber der Meinung, daß seine Reinheit und wirkliche Bedeutung von einer Wolke aus Aberglauben und falschen Lehren und Praktiken verdeckt wurde. Er verwarf das Streben nach al-

Taoistischer Abt

chimistischer Verwandlung und war überzeugt, daß Transformation nur durch Innenschau zu erreichen sei. Er betrachtete auch die Idee der Unsterblichkeit auf rationale Weise. Für ihn war ein Unsterblicher kein Wesen, das durch magische Praktiken ewiges Leben erlangt hat, sondern ein Mensch, der ein sittlich reines Leben führt und sich bemüht, seinen Prinzipien treu zu bleiben.

Vielleicht sollte hier eine weit verbreitete Art von Taoist erwähnt werden. Er gehörte nur selten einer der Hauptschulen an, denn er war ein Wanderer. Die wandernden Taoisten, die sich mit Fertigkeiten und Tricks durchschlugen, die sie auf der Straße oder in Tempeln und Klöstern gelernt hatten, waren in der chinesischen Gesellschaft und Literatur eine häufige Erscheinung. Obwohl sie oft Scharlatane waren, leisteten sie den Menschen in abgelegenen

Teilen des Landes Dienste, zu denen »normale« Taoisten nicht imstande waren.

Das taoistische Mönchstum unterschied sich wenig von dem anderer Religionen, außer daß die Klöster oft in sehr entlegenen Gegenden lagen und das Leben darin nicht sehr streng geregelt war. Die taoistischen Mönche standen nicht im Ruf, besonders fromm und tugendhaft zu sein, doch wenn ein Meister unter ihnen lebte, bildete sich oft eine achtbare Gemeinschaft.

Das Streben nach Unsterblichkeit

Wahrscheinlich gibt es kein anderes Land, in dem das Streben nach einem langen Leben und Unsterblichkeit so viele Menschen früh ins Grab gebracht hat wie in China! Die Warnung vor gesundheitsgefährdenden Wirkungen, die heute jede Zigarettenpackung ziert, sollte auch auf den alten taoistischen Anleitungen zur Erlangung körperlicher Unsterblichkeit stehen.

Im Westen ist man sich oft nicht darüber im klaren, daß man sich in China unter Unsterblichkeit das ewige Leben sowohl der Seele als auch des Körpers vorstellte. Ohne Körper gab es keine Unsterblichkeit. Deshalb bemühte man sich, den physischen Körper in ein ewiges Gefäß der Seele zu verwandeln. Aus diesem Grund umfassen die taoistischen Praktiken zur Erlangung der Unsterblichkeit nicht nur die seelische Vervollkommnung durch Meditation, sondern auch die Suche nach magischen Pillen, Elixieren und Methoden, die den Körper in ein ewig existierendes Gefäß für die Seele verwandeln und ihn in die Lage versetzen sollten, sich für immer mit dem Urquell allen Seins zu vereinigen.

Schon die alten Herrscher Chinas strebten danach, Unsterblichkeit zu erlangen – mindestens seit dem fünften Jahrhundert v. Chr. Ssu-ma Ch'ien erwähnt einige von ihnen, vor allem ab dem vierten Jahrhundert. Über die Zeit davor läßt sich schwer etwas sagen. Manche Gelehrte glauben, daß es schon immer einen Langlebigkeitskult gab, und es ist bezeichnend, daß die ältesten Herrscher, wie die Drei Erhabenen oder die Fünf Erhabenen Kaiser, sehr lange lebten. Die Fähigkeit, zwei- oder dreihundert Jahre lang zu leben, ging den Legenden zufolge mit dem Herannahen der historischen Zeit immer mehr verloren. Sie war also ein Charakteristikum des chinesischen Goldenen Zeitalters, eine Gabe, die in späteren, weniger »reinen« Zeiten verschwand. Natürlich erlangten diese ältesten Herrscher nicht die Unsterblichkeit. Sie lebten sehr lange, starben und wurden dann in vielen Fällen zu Göttern erhoben. Da dies jedoch die Nachkommen taten, indem sie sich mit dem Himmel in Verbindung setzten und dann verkündeten, ihr edler Vorfahr sei nun ein Gott, hat es an sich nichts mit der Vorstellung von Unsterblichkeit zu tun. Andere Gelehrte sind der Ansicht, daß die Idee vom Menschen, der nicht nur fähig ist, die Verbindung zwischen der spirituellen und der materiellen Welt herzustellen, sondern auch von der einen in die andere überzuwechseln, dem schamanistischen Weltbild entstammt. Die Beweise dafür sind jedoch äußerst dürftig.

Wir haben also eigentlich keine Ahnung, woher diese Ideen stammen. Interessant ist, daß heute nur noch wenige Chinesen glauben, es sei möglich, Unsterblichkeit zu erlangen, die meisten aber überzeugt sind, daß das Leben verlängert werden kann. Sogar auf dem Höhepunkt der Kulturrevolution erschienen in den Zeitungen Artikel über Menschen, die durch Selbstdisziplin, gesunde Ernährung oder die regenerierende Wirkung der Worte von Marx, Lenin oder Mao Tse-tung weit über hundert Jahre alt geworden waren. Es gibt keine chinesische Festrede, in der nicht dem Gefeierten ein langes Leben gewünscht wird. Ein gutes Leben besteht nach Meinung der Chinesen darin, lange zu leben, viele Kinder, viel Geld und einen ansehnlichen Leibesumfang zu haben. Die Unsterblichkeit wird inzwischen als etwas theologisch und historisch Faszinierendes betrachtet, doch ein langes Leben ist etwas, das den Chinesen noch heute sehr am Herzen liegt. Das sollte man bedenken, denn sonst könnte es sein, daß einige Bücher über

Taoismus und Unsterblichkeit die Überzeugung hervorrufen, sämtliche Chinesen würden sich mit Alchimie und seltsamen Übungen zur Erlangung der Unsterblichkeit beschäftigen. Den meisten Chinesen hat der Taoismus mit seiner Erlösungslehre und seinen der Heilung und dem Exorzismus dienenden Praktiken, vermischt mit buddhistischen Lehren und der Ahnenverehrung bei der Bewältigung existentieller Probleme geholfen.

Wege zur Unsterblichkeit

Mit der Suche des ersten Kaisers nach den Inseln der Unsterblichen und dem magischen Elixier haben wir uns bereits beschäftigt. Laut Ssu-ma Ch'ien waren offenbar alle Kaiser bestrebt, Unsterblichkeit zu erlangen. Es gibt eine schöne Geschichte über einen solchen Kaiser, die man sich zur Zeit des Herbstmittefestes erzählt, wenn der Mond besonders hell scheint. Die Chinesen glauben auf dem Mond eine junge Frau, ein Kaninchen und einen Baum zu sehen. Wie ist die junge Frau auf den Mond gekommen? Sie war die Gattin eines bösen und grausamen Kaisers, der sein Volk unterdrückte und seine Macht mißbrauchte. Er hatte Taoisten in alle Welt gesandt mit dem Auftrag, die Pille der Unsterblichkeit zu suchen. Zur Bestürzung seines Volkes – und seiner Frau – wurde die Pille gefunden und in den Palast gebracht.

Der Kaiser erklärte, daß er die Pille am nächsten Tag schlucken und dadurch unsterblich werden würde. Die Menschen erfüllte die Vorstellung, dieser Widerling könnte sie bis in alle Ewigkeit regieren, mit Entsetzen, und die Frau empfand ebenso. Deshalb schlich sie in der Nacht in das Zimmer, in dem die Pille lag. Als sie sie in die Hand nahm und sich fragte, was sie damit tun sollte, stürzte der Kaiser herein. Wütend rannte er zu ihr, um sie zu erschlagen. In ihrer Ratlosigkeit schluckte sie die Pille, damit er sie ihr nicht entreißen konnte. Im gleichen Moment erhob sie sich in die Luft, so daß ihr Gatte, der sie verzweifelt festzuhalten versuchte, sie nicht erreichte, und schwebte mit Hilfe der sie beschützenden Götter zum Mond. Die Freude auf Erden war groß, als die Menschen erfuhren, daß es dem Kaiser nicht gelungen war, Unsterblichkeit zu erlangen, und während des Festes, das jedes Jahr zu Ehren der tapferen jungen Frau gefeiert wird, lächelt sie auf die Erde nieder. Deshalb scheint der Mond in dieser Nacht so hell.

Diese Geschichte veranschaulicht einen der wichtigsten Aspekte des Strebens nach Unsterblichkeit. Für gewöhnliche Menschen lag es nicht im Bereich des Möglichen. Es erforderte großen Reichtum, den alchimistischen Weg einzuschlagen, und wer den Weg des Weisen – Meditation und Selbstdisziplin – gehen wollte, mußte ungeheure Geduld aufbringen und so wohlhabend sein, daß er nicht zu arbeiten brauchte. Neunundneunzig Prozent der Menschen konnten deshalb nicht einmal daran denken. Die Unsterblichen waren jedoch sehr wichtig, denn sie waren die großen Helden und Heldinnen der chinesischen Literatur, vor allem der Volksliteratur, und ihr Leben und ihre Taten ermöglichten es den Chinesen, ihre Hoffnungen und Träume auszuleben. Dies ist ein Aspekt, der von westlichen Autoren, die sich nur mit den Praktiken und nicht mit der symbolischen Rolle dieser Wesen beschäftigen, oft übersehen wird. Wir wollen versuchen, beides miteinander zu verknüpfen, indem wir sowohl die Geschichten als auch die historischen Entwicklungen betrachten, um die Bedeutung der Unsterblichen und das Streben nach Unsterblichkeit besser zu verstehen.

Vereinfacht ausgedrückt gab es zwei Wege zur Unsterblichkeit. Die eine Methode war eine äußerliche und erforderte die Einnahme von Zaubertränken, Pillen, Elixieren und so weiter, die oft auf alchimistische Weise hergestellt wurden; die andere führte durch körperliche Übungen und Meditation zur inneren Verwandlung. Es ist sehr umstritten, welche Tradition die ältere und damit »reinere« ist. Ich glaube nicht, daß das *Tao te king* Hinweise auf derartige Praktiken enthält. Dschuang Dsi erwähnt bestimmte Praktiken, doch in so ironischem Ton, daß man Zweifel hat, ob er sie ernstnahm. Diese Beschreibungen haben, wie schon im Abschnitt über Dschung Dsi erwähnt, nichts mit der Idee des Höchsten Menschen zu tun. Der Höchste Mensch ist ein Ideal, kein verwirklichbares Ziel.

Wenn in alten Geschichtswerken das Streben nach Unsterblichkeit erwähnt wird, handelt es sich fast ausschließlich um die äußere Methode. Dazu gehört die Suche nach den Inseln der Seligen, auf denen man die Pille zu finden hoffte, sowie nach Zauberkräutern und dergleichen. Die frühen Kaiser waren nicht daran interessiert, still dazusitzen und zu meditieren – jedenfalls nicht längere Zeit! Nur wenn Dschuang Dsi über Gestalten wie den Gelben Kaiser berichtet, erwähnt er solche Meditationsübungen, die zur Vereinigung des Menschen mit dem ewigen Tao und dadurch zur Erlangung der Unsterblichkeit führen. Doch hier handelt es sich um eine ätiologische Erklärung seines göttlichen Status und nicht um ein allgemein anwendbares Rezept.

Den frühen taoistischen Klassikern und auch dem schamanistischen Weltbild zufolge ist die Menschheit eine der drei Säulen des Seins. Es gibt Himmel und Erde sowie den Weisen oder Herrscher, der die Menschheit repräsentiert. Diese drei Kräfte lenken Ebbe und Flut des Lebens. Die wichtigste Rolle spielt der Herrscher, der sich bemüht, gemäß den Prinzipien des Tao zu regieren und sie in der Welt zu verwirklichen. Von den drei Säulen des Seins ist nur die menschliche vergänglich. Die beiden anderen sind in ihrer bestehenden Form unvergänglich. Man stellte die These auf, daß auch der Mensch in einem früheren Stadium unvergänglich gewesen sein muß, diese Eigenschaft aber verloren hat. Es entstanden zwei geistige Schulen, die verschiedener Meinung darüber waren, wie Unsterblichkeit zu erlangen sei. Die eine versuchte, den menschlichen Körper in ein unvergängliches Gefäß zu verwandeln; die andere strebte durch Innenschau und Meditation nach Vereinigung mit dem Tao, damit das Körperliche zum Tao und dadurch unsterblich werde, denn das Tao kann nicht sterben. Die philosophischen Schulen entwickelten die zweite Idee weiter und vermischten sie mit den anderen Ideen, aus denen der Taoismus hervorging, während das Konzept der körperlichen Verwandlung auf viel unsystematischere Weise bis in die frühchristliche Zeit hinein weiterentwickelt wurde.

Der unvergängliche Körper

Beginnen wir mit den Methoden, durch die der Körper in ein unvergängliches Gefäß verwandelt werden sollte. Die Logik war ganz einfach. Es gab auf der Welt Stoffe, die unvergänglich waren, wie Gold, Jade oder Quecksilber. Wenn der physische Körper durch solche unvergänglichen Stoffe verwandelt oder zunehmend ersetzt werden konnte, dann mußte dies zur Unsterblichkeit führen. Deshalb nahmen die nach Unsterblichkeit Strebenden Jade, Goldstaub oder Quecksilber zu sich. Man glaubte, daß der Körper kleine Mengen dieser unvergänglichen Stoffe absorbieren und eine allmähliche Transformation die Folge sein würde. Natürlich geschah nichts dergleichen, und viele Menschen starben unter großen Qualen und Schmerzen an Vergiftungen. Wie Joseph Needham in *Science and Civilisation in China* dargestellt hat, machten die Chinesen bei den Experimenten, die sie mit den Stoffen vorher anstellten, freilich einige sehr bedeutende wissenschaftliche Entdeckungen. Ihre Einnahme führte jedoch nicht zu dem gewünschten

Ergebnis, sondern zu Krankheit und Tod – was leider häufig ein Resultat wissenschaftlicher Forschung ist.

Eine sanftere Methode, nach Unsterblichkeit zu streben, war die Einnahme von Kräutern und Elixieren, welche die Transformation auf eher magische Weise bewirken sollten. Sehr beliebt waren Pilze sowie die Innereien von Tieren, die sehr lange lebten. Kraniche, Schildkröten, Zikaden, Fledermäuse und Schmetterlinge waren besonders geschätzt und deshalb häufig in den Kochtöpfen von nach Unsterblichkeit strebenden Schamanen und Taoisten zu finden. Davon abgesehen war im Taoismus das Vegetariertum sehr stark verbreitet.

Alchimie

Neben dem Streben nach Unsterblichkeit spielte auch die Suche nach einem Verfahren zur Herstellung von Gold eine große Rolle. Es überrascht nicht, daß die Kaiser auch daran sehr interessiert waren, denn der Wunsch, ewig an der Macht zu bleiben, war damals ebenso stark wie heute, und die Herrscher brauchten viel Geld, um ihre Truppen, ihre Paläste und ihren Lebensstil zu finanzieren.

Obwohl alle Bemühungen auf beiden Gebieten zu keinerlei Erfolg führten, wurden sie fortgesetzt. Typisch – und irgendwie rührend – ist eine Bemerkung, die Kaiser Wu (141–87 v. Chr.), ein Herrscher der Han-Dynastie, darüber machte. Wu gab ungeheuer viel Geld für die Suche nach den Inseln der Unsterblichen, magische Rezepte und alchimistische Experimente aus, doch alles führte zu nichts. Am Ende seines Lebens sagte er:

Durch Mäßigung im Essen und Trinken und die Einnahme von Arzneien können wir unsere Krankheiten verringern. Das ist alles, was wir erreichen können.

Dennoch wurde die Suche fortgesetzt, bis ein großer Mißerfolg dazu führte, daß die staatliche Förderung solcher Projekte für viele Jahre eingestellt wurde.

Der Meister der Rezepte

Wie alle damaligen Herrscher war auch Kaiser Han Hsuan Ti (73–48 v. Chr.) versessen darauf, Unsterblichkeit zu erlangen. Er hatte einen Cousin namens Liu Hsiang, der ein bekannter *Fang-shih* war. Eines Tages suchte dieser den Kaiser auf und behauptete, er könne, wenn dieser ihn finanziell ausreichend unterstütze, Gold sowie das Lebenselixier herstellen. Als der Kaiser ihn fragte, wie er das tun wolle, erwiderte Liu Hsiang, er sei in den Besitz einiger Bücher gelangt, in denen die Rezepte stünden. Daraufhin erteilte ihm der Kaiser den Auftrag und verlieh ihm den Titel »Meister der Rezepte«.

Vier Jahre lang vertiefte sich Liu Hsiang, vom Kaiser großzügig unterstützt, in die Bücher, doch seine Experimente führten zu keinem Erfolg. Im Jahr 56 v. Chr. verlor der Kaiser die Geduld und befahl, ihn hinzurichten. Liu Hsiangs Bruder konnte ihn jedoch überreden, es bei einer hohen Geldstrafe bewenden zu lassen. Liu Hsiang redete sich darauf hinaus, er hätte einen Meister gebraucht, der ihm die Bücher auslegte. Diese Vorgänge lösten in der Öffentlichkeit eine so starke Skepsis gegenüber der Alchimie aus, daß sie für lange Zeit ihre Bedeutung verlor.

Erst in der Mitte des zweiten Jahrhunderts n. Chr. gewann sie wieder an Ansehen. Das erste uns bekannte Buch über Alchimie erschien um das Jahr 140 n. Chr. Sein Verfasser ist Wei Po-yang und sein Inhalt – verschiedene verschlüsselte Rezepte zur Herstellung von Elixieren, die Unsterblichkeit verleihen sollen – ist so gut wie unverständlich. Wichtigster Bestandteil der Elixiere ist das blutrote Zinnober (Quecksilbersulfid). Wu erklärt in seinem Buch, daß es den Menschen helfen solle, die Alchimie zu verstehen, und daß er es geschrieben habe, weil er bestürzt darüber sei, daß sich so viele durch den Versuch, Elixiere nach schwierigen Rezepten herzustellen, ruiniert hätten! Um die Mitte des zweiten Jahrhunderts scheinen die alchimistischen Methoden zur Erlangung der Unsterblichkeit wieder weite Verbreitung gefunden zu haben.

Ko Hung

Einer der bedeutendsten taoistischen Alchimisten war Ko Hung, der die äußeren mit den inneren Lehren verband. Er wurde um 250 n. Chr. geboren, erreichte ein Alter von 81 Jahren und verfaßte das *Pao P'u Tzu*, eine Enzyklopädie taoistischer Praktiken, deren Titel Needham mit »Der Meister, der seine Einfachheit bewahrt« übersetzt. In diesem riesigen Werk sind alle bekannten Methoden, Unsterblichkeit zu erlangen, dargestellt, auch jene aller möglichen anderen Schulen. Manche Teile widersprechen einander, einige kann nicht einmal Ko erklären und andere sind sehr amüsant. Den Hauptteil machen jedoch alchimistische Methoden aus, denn Ko Hung glaubte, daß man eine Art Unsterblichkeit auch ohne Alchimie erlangen kann, daß die volle Unsterblichkeit aber nur mit derartigen Praktiken zu verwirklichen sei. In Ko Hungs Schriften erreicht die Entwicklung der Alchimie ihren Höhepunkt, denn danach scheint ihre Popularität abgenommen zu haben, und sie nahm nach dem inneren Weg den zweiten Platz ein. Diese neue Einstellung ist auch in Ko Hungs Werk erkennbar, denn er sagt:

Wer nicht tugendhaft handelt und sich damit begnügt, magische Prozeduren durchzuführen, wird nie ewiges Leben erlangen.

Wenden wir uns also dem anderen Weg zu und betrachten wir, was er – außer einer gesünderen Ernährung – bot.

Der zweite Weg führte über die innere Reinigung zur Vereinigung mit dem Tao. Auch hier wurden Elixiere eingenommen, doch am wichtigsten waren Meditation und Konzentration auf die dem Körper innewohnenden Kräfte und ihre Vereinigung mit dem Großen Einen, dem allumfassenden Ersten Prinzip – dem Tao.

Diesem Weg lag die Auffassung zugrunde, daß zwei Kräfte den Körper mit Leben erfüllen und erhalten. Die erste und wichtigste ist die Energie, die sich im Atem manifestiert. Sie wird Ch'i genannt und erfüllt den Körper mit Lebenskraft. Nach Meinung der Taoisten gab es viele verschiedene Arten von Atem, die durch den Körper zirkulieren und nicht alle positiv sind. Es war deshalb wichtig, jene, die positiv sind, zu fördern und zu erhalten und sich von den negativen zu befreien. Von besonderer Bedeutung war dabei die Embryonalatmung, die ursprüngliche Atmung, mit der dem Körper in der Gebärmutter Luft zugeführt wird. Man war der Meinung, daß Unsterblichkeit erlangt werden konnte, wenn man diese ursprüngliche Atmung erlernte und beibehielt. Deshalb wurden verschiedene Praktiken entwickelt, mit denen die Luft im Körper zurückgehalten wurde, denn durch das Ausatmen ging natürlich ein Teil der Luft und der Lebenskraft verloren. Dabei achtete man nicht nur auf den Mund und die Nase. Wie jeder weiß, kann Luft auch durch einen anderen Körperteil entweichen! Deshalb kam auch der Ernährung große Bedeutung zu, und Zwiebeln, bestimmte Getreidearten und Bohnen waren verboten.

Sexuelle Praktiken

Die andere Leben spendende und erhaltende Kraft ist das Sperma. Es muß hier darauf hingewiesen werden, daß Frauen im Taoismus keine große Rolle spielten, obwohl es unter den berühmten Taoisten einige Frauen gibt und sogar zu den Acht Unsterblichen eine Frau gehört. Wie die anderen großen Religionen ist der Taoismus vorwiegend patriarchalisch. Frauen wurden einfach nicht als so wichtig erachtet wie Männer.

Die Anhänger dieser Schule suchten zu vermeiden, daß das Sperma und damit ein Teil der Lebenskraft vergeudet wurde. Zu diesem Zweck entwickelten sie Techniken, mit denen das Sperma nicht aus dem Körper ausgestoßen, sondern in ihn zurückgeführt wird. Dazu gehörten verschiedene Praktiken wie Geschlechtsverkehr, bei dem der Mann unmittelbar vor der Ejakulation den Penis zusammenpreßt, um das Sperma zurückzuhalten und so die Lebenskraft zu erhalten und zu stärken. Die höchste Leistung bestand darin, das Sperma mit dem Embryonalatem zu verschmelzen, so daß daraus ein Embryo entsteht, der sich zu einem neuen reinen Körper innerhalb des physischen Körpers entwickelt. Wenn der physische Körper stirbt, verläßt dieser reine Körper die sterbliche Hülle, und der Übende wird ein Unsterblicher.

Es gibt eine Menge reich illustrierter Bücher, in denen dargestellt ist, wie durch den Geschlechtsverkehr und bestimmte sexuelle Positionen Unsterblichkeit erlangt werden kann. Diese Sexualtechniken wurden von Ehemann und Ehefrau oder vom Ehemann, der Ehefrau und den Konkubinen des Mannes ausgeführt, doch es gab auch, vor allem in der Zeit der Tang-Dynastie, Massenorgien, die im geheimen stattfanden, da sie als des Tao oder der chinesischen Kultur unwürdig betrachtet wurden. Die sehr umfangreiche Literatur über diese Praktiken wurde in die Schriftenkanons der T'ang- und Sung-Dynastien aufgenommen, doch in der letzten Ausgabe aus der Ming-Zeit (1444 n. Chr.) sind sie nicht mehr enthalten.

Viele dieser sexuellen Praktiken bestanden aus den weiter unten beschriebenen Übungen, verbunden mit einer

Steigerung der Spermaproduktion und Vermeidung der Ejakulation. Sie wurden von den größeren Schulen, vor allem jenen, deren Angehörige Mönche waren, nicht empfohlen. Es waren jedoch völlig legitime Methoden für interessierte Laien, und als solche sollten sie innerhalb des größeren Systems der Praktiken zur Erlangung der Unsterblichkeit betrachtet werden.

Körperliche Übungen

Der Körper wurde von den Taoisten als eine Art Schlachtfeld angesehen. Der traditionellen chinesischen Anatomie zufolge war er ein Mikrokosmos. Das heißt, in ihm waren die gegensätzlichen Kräfte des Yin und Yang wirksam, in ihm wohnten zahlreiche innere Götter, er enthielt die Lebensenergien, aber auch die drei Würmer, die bestrebt waren, den Körper und sein Ch'i zu zerstören. Deshalb bemühten sich die Anhänger dieser taoistischen Lehren, Yin und Yang in Harmonie zu bringen, die Götter in den verschiedenen Körperteilen günstig zu stimmen und die drei Würmer daran zu hindern, die Lebensenergien des Ch'i zu ersticken und zu zerstören. Dies erforderte Ruhe und Geduld. Eine riesige Zahl von Übungen wurde entwickelt, die dazu dienten, den Körper zu entspannen, zu harmonisieren und zu beleben und angespannte Körperteile, in denen die Würmer am Werk waren, zu lockern. Diese schönen und überaus wohltuenden Übungen sind bis heute Bestandteil der chinesischen Kultur. In jedem chinesischen Park und in allen Chinesenvierteln der westlichen Welt kann man Menschen sehen, die diese Übungen durchführen. Niemand, der bei rechtem Verstand ist, würde heute auf die Idee kommen, Quecksilber oder Gold zu sich zu nehmen, doch viele Menschen im Osten wie im Westen haben erkannt, wie sehr diese taoistischen Übungen helfen können, mit den Belastungen des täglichen Lebens fertig zu werden.

Da Ruhe und Stille erforderlich sind, um diese Übungen

jahrelang durchzuführen, zogen sich die Taoisten in die Berge und an andere abgelegene Orte zurück. Die chinesische Bezeichnung für einen Unsterblichen besteht deshalb auch aus zwei Schriftzeichen, die Mensch und Berg bedeuten, und drückt die Abkehr vom öffentlichen Leben und den allgemeinen Wertmaßstäben aus. Dies kommt besonders schön in einer Geschichte zum Ausdruck, die schildert, wie Lu Tung Pin einer der Acht Unsterblichen wurde.

Lu Tung Pin war ein wohlbestallter und beliebter Beamter, der eine strahlende Zukunft vor sich hatte. Auf einer Reise in die Hauptstadt kehrte er in eine kleine Herberge an der Straße ein. An einem Tisch saß der ihm unbekannte Unsterbliche Han Chung Li. Lu Tung Pin setzte sich neben ihn, und bald redeten und tranken die beiden miteinander. Han Chung Li merkte, daß dieser Mann weit höhere Qualitäten besaß als ein durchschnittlicher Beamter. Der Tag war kalt, der Wein war warm, und im Ofen prasselte das Feuer. So dauerte es nicht lange, bis Lu Tung Pin einschlief. Ihn träumte, daß er rasch auf immer höhere Posten befördert und schließlich Premierminister wurde. Zwanzig Jahre lang genossen er und seine Familie all die Früchte dieser hohen Stellung und das Vertrauen des Kaisers. Doch dann brach das Unheil über ihn herein. Er beleidigte den Kaiser und fiel in Ungnade. Sofort versammelten sich seine Feinde und flüsterten dem Kaiser zu, daß Lu Tung Pin ihn stürzen wolle. Wutentbrannt ließ der Lu Tung Pins gesamte Familie vor seinen Augen hinrichten und verbannte ihn in eine ferne Provinz.

In diesem Moment erwachte Lu Tung Pin in Schweiß gebadet, doch er saß immer noch neben Han Chung Li. Ihm wurde sofort klar, daß dieser ein Unsterblicher war, und zugleich erkannte er, wie sinnlos ein Beamtenleben war. Er gab alles auf und ging in die Berge, um den Wahren Weg zu suchen. Nach vielen Jahren der Unterweisung durch Han Chung Li erlangte auch er die Unsterblichkeit.

Der moralische Aspekt

In späteren Jahren entwickelte sich auch ein moralischer Aspekt des Strebens nach Unsterblichkeit. In Anlehnung an die buddhistische Auffassung, daß vollkommenes Handeln zur Erlösung führt, stellten die Taoisten die These auf, daß Unsterblichkeit die Belohnung der Götter für besonders gute Taten sei. Die folgende Geschichte veranschaulicht diese Entwicklung.

Ein berühmtes taoistisches Buch war innerhalb einer Familie von Generation zu Generation weitervererbt worden. Schließlich gelangte es in den Besitz von Wan Tei Hsu, der es hoch schätzte und ehrte. Eines Tages besuchte ein taoistischer Priester die Familie. Wan bat ihn, über das Tao zu sprechen.

»Die Seele ist das Tao«, sagte der Priester, »und das Tao ist die Seele. Die Seele und das Tao sind im Grunde eins. Wird das Tao von der Seele getrennt, dann wird man in allen sechs Sphären wiedergeboren und muß von neuem den drei Pfaden (der Lust, der Begierde und des Zornes) folgen. Sind aber die Seele und das Tao eins, dann gelangt man ins Paradies und ins Land der Unsterblichen. Hölle und Himmel sind in deinem eigenen Herzen. Wenn der Himmel nicht in dir ist, wird es dir keinen Gewinn bringen, nur die heiligen Schriften zu lesen.«

Dann wandte er sich zu Wan und sagte, daß sich ein seltenes Juwel im Haus befinde; er habe sein Strahlen beim Eintreten gespürt. Dabei deutete er auf das heilige Buch. Er wies Wan und seine Familie darauf hin, daß das Buch alles Wissen enthielt, das erforderlich war, um Unsterblichkeit zu erlangen. Wer die Lehren des Buches befolge, werde erlöst und komme ins Reich der Unsterblichen.

Wan tat dies dreißig Jahre lang. Er gab den Bedürftigen und suchte das Leben seiner Mitmenschen zu verbessern. Eines Tages hörten seine Nachbarn göttliche Musik, und als sie aus ihren Häusern stürzten, sahen sie, wie die ganze Familie Wan zum Himmel aufstieg.

Dies ist eine der vielen erbaulichen Geschichten aus dem *T'ai Shang Kan Ying P'ien,* jenem Buch, das die Familie so verehrte. Es ist das zweite Buch, das die Taoisten Laotse zuschreiben und in China weit populärer als das *Tao te king* – im kaiserlichen China war es das meistgedruckte Buch. *T'ai Shang Kan Ying P'ien* bedeutet »Abhandlungen des Höchsten über Tat und Vergeltung«, und der Höchste ist natürlich Laotse in seiner göttlichen Gestalt. In dem Buch selbst wird behauptet, daß es etwa zur gleichen Zeit geschrieben wurde wie das *Tao te king,* doch tatsächlich stammt es aus der Zeit der späten Sung-Dynastie. In China wird es jedoch als Werk Laotses verehrt, und es ist gewissermaßen eine vereinfachte Darstellung des Taoismus für Laien, voller edler Gedanken und Anweisungen für eine anständige Lebensführung in Übereinstimmung mit den taoistischen Prinzipien. In dem Buch wird deutlich darauf hingewiesen, daß es möglich ist, sich die Unsterblichkeit zu verdienen. Im vorrevolutionären China galt das Spenden von Geld für den Druck des Buches und seine Verbreitung als großes Verdienst, das zur Unsterblichkeit oder zumindest zu Reichtum und einem langen Leben verhelfen konnte.

Die Acht Unsterblichen

Bevor wir das Thema Unsterblichkeit abschließen, wollen wir uns noch etwas ausführlicher mit den Acht Unsterblichen befassen. Wie bereits erwähnt, war das Streben nach Unsterblichkeit – auf dem alchimistischen oder dem inneren introspektiven Weg – etwas, womit sich nur wenige beschäftigten, was aber viele faszinierte. Für die Mehrheit der Menschen, Taoisten und andere, waren die Unsterblichen aus anderen Gründen von Bedeutung. Die Aussicht, auf diesen Wegen oder auch durch gute Taten Unsterblichkeit zu erlangen, war gering, doch der Glaube, daß rechtschaffenen Menschen im alltäglichen Leben von den Unsterblichen Hilfe zuteil werden konnte, war weit verbreitet. Deshalb wurden und werden vor allem die Acht Unsterblichen von Chinesen auf der ganzen Welt verehrt und täglich angerufen – nicht nur, weil sie Gebete erhören und Probleme lösen, sondern auch, weil sie gegen Unterdrückung und Ungerechtigkeit kämpfen. Sie sind eine Art Mischung aus Robin Hood und Superman und deshalb ungemein populär! Die Acht Unsterblichen verkörpern acht verschiedene Lebensbedingungen: Jugend, Alter, Armut, Reichtum, Adel, Volk, Weibliches und Männliches.

Lu Tung Pin

Lu Tung Pin, von dem wir bereits gehört haben, ist eng mit der alchimistischen Tradition und der Suche nach dem Lebenselixier verbunden. Wang Chung-yang, der Gründer der *Ch'uan Ch'en*-Schule, behauptete, von ihm seine Lehren empfangen zu haben. In den Tempeln wird er noch heute um Hilfe bei Krankheiten gebeten, und Arzneien, die seinen Namen tragen, stehen in großem Ansehen. Lu Tung Pin ist auch für Talismane zuständig und verleiht Macht über Dämonen. Wie Chang Tao Ling besitzt er ein mächtiges Schwert, mit dem er böse Geister vertreibt. Medizin und Magie sind Gebiete, die sich oft überschneiden.

Ti Kuai Li

Ti Kuai Li ist neben Lu der populärste Unsterbliche. Als Sterblicher war Ti Kuai Li ein gutaussehender Mann, der sich in die Berge zurückzog, um die Methoden zur Erlangung der Unsterblichkeit zu praktizieren. Nach vielen Jahren erlangte er die Fähigkeit, auf Wolken zu reiten und Astralreisen zu unternehmen. Als er eines Tages seinen Körper verließ, um Laotse zu besuchen, befahl er einem Schüler, über den Körper zu wachen und ihn zu verbrennen, sollte er nicht innerhalb von sieben Tagen zurückkehren.

Der Schüler setzte sich gehorsam neben den Körper, doch nach sieben Tagen erschien ein Bote und berichtete ihm, daß seine Mutter im Sterben lag und sich nach ihm sehnte. Der Schüler war verzweifelt. Wem sollte er gehorchen – seinem Meister oder seiner Mutter? Nach langem Überlegen kam er zu dem Schluß, daß sein Meister tot sein mußte, und so verbrannte er den Körper und machte sich auf den Weg zu seiner Mutter.

Ein paar Stunden später kehrte Ti Kuai Li zurück und fand den Haufen Asche vor. Nun mußte er in kurzer Zeit einen neuen Körper finden, in dem er wohnen konnte. Wenn er nicht schnell einen fand – und es mußte der Körper eines vor kurzem Verstorbenen sein – dann würde er sterben. Da entdeckte er in der Ferne einen Körper. Als er hinlief, sah er zu seinem Entsetzen, daß er einem alten, verkrüppelten Bettler gehörte. Er durfte jedoch keine Zeit verlieren, und so schlüpfte er hinein. Und in dieser Gestalt lebt er nun bis in alle Ewigkeit!

Wie man sich vorstellen kann, ist er deshalb nicht immer bester Laune, und es hat nicht viel Zweck, zu ihm zu beten, doch Ärzte wenden sich gern an ihn. Seine Popularität beruht darauf, daß er für die Schwachen, Hilflosen und Unterdrückten kämpft.

Chang Kuo Lau

Der nächste Unsterbliche ist Chang Kuo Lau, ebenfalls eine merkwürdige Gestalt. Auf Bildern sieht man ihn oft verkehrtherum auf einem Esel reiten. An ihn wenden sich vor allem Ehepaare, die sich ein Kind wünschen, denn er soll zu Fruchtbarkeit und besonders zu männlichem Nachwuchs verhelfen. Warum er verkehrtherum auf einem Esel reitet, ist eine interessante Geschichte. Chang Kuo Lau, der einer armen, schwer arbeitenden Bauernfamilie angehörte, brachte mit dem Esel immer die Produkte zum Markt. Eines Tages rastete er in einem verlassenen Tempel. Als er aufwachte, stieg ihm ein wunderbarer Duft in die Nase. Er durchsuchte den ganzen Tempel und fand schließlich einen Topf, in dem seltsame Kräuter kochten. Sie sahen so gut aus, daß er sie probierte. Das brachte ihm großes Glück, denn das Gebräu gehörte einem Alchimisten, der das Rezept für das Elixier zur Erlangung der Unsterblichkeit entdeckt hatte. Ohne es zu wissen, war Chang unsterblich geworden. Doch kaum hatte er die Kräuter gegessen und ein wenig davon seinem Esel gegeben, kam der Alchimist herein. Als er Chang erblickte, schrie er ihn an. Erschrocken sprang Chang rückwärts auf den Esel, und dieser rannte los. Nach ein paar Augenblicken erhoben sich beide in die Luft und flogen davon.

Chang Kuo Lau erlangte also die Unsterblichkeit durch einen glücklichen Zufall.

Ts'ao Kuo Chiu

Ts'ao Kuo Chiu ist der einzige Aristokrat unter den Unsterblichen und ein sehr seltsamer Mensch. Er hatte einen Mord begangen und bereute seine Tat, aber nur, weil er keine andere Wahl hatte. Warum er Unsterblichkeit erlangte, ist rätselhaft.

Han Hsiang Tzu

Ein ganz anderer Typ ist Han Hsiang Tzu. Er ist Musiker und wird meist mit einer Flöte in der Hand dargestellt, auf einem Berg stehend und der Musik der Natur lauschend. Han Hsiang Tzu ist ein echter taoistischer Eremit.

Han Chung Li

Han Chung Li war während der späteren Han-Dynastie General. Er wird mit Alchimie in Verbindung gebracht, denn er hält auf Abbildungen den Pfirsich des ewigen Lebens in der Hand, der, wenn er gegessen wird, Unsterblichkeit verleiht. Dies stimmt mit den ältesten Überlieferungen über die Inseln der Seligen überein, denen zufolge diese Frucht dort wuchs.

Lan Ts'ai Ho

Lan Ts'ai Ho scheint ein Transvestit zu sein, denn er wird manchmal als Frau und manchmal als Mann dargestellt. Er verkörpert unter den Unsterblichen den Ausgestoßenen, den Verrückten, den »von Gott Berührten«.

Ho Hsien Ku

Ho Hsien Ku ist die einzige Frau in der Gruppe. Sie erlangte Unsterblichkeit wegen ihrer Freigiebigkeit und ihrer strengen Askese.

Die Popularität der Acht Unsterblichen

Diese Typen verkörpern die verschiedenen Wege zur Unsterblichkeit – darunter auch einige, die nicht oft erwähnt werden, wie etwa das, was man »unverschämtes Glück« nennt. Sie sind wichtig, weil sie die großen Theorien der Unsterblichkeit veranschaulichen, doch die Hauptbedeutung der Acht Unsterblichen liegt darin, daß sie Kämpfer für die sozial Benachteiligten waren, zu denen die große Mehrheit der Chinesen zu allen Zeiten gehörte. Warum die Acht Unsterblichen so populär waren und heute noch sind, zeigt die folgende Geschichte.

Die Acht Unsterblichen trafen sich gern an der Brücke der Unsterblichen, um zu trinken und zu plaudern. Eines Tages erzählte Chang Kuo Lau den anderen eine empörende Geschichte. In einer fernen Provinz lebte ein reicher Mann namens K'uang Tzu Lien, der bald sechzig Jahre alt wurde und aus diesem Anlaß seine Freunde zu einem großen Fest eingeladen hatte. Seinen Arbeitern, deren Ausbeutung er seinen Reichtum verdankte, hatte er befohlen, die Schlaglöcher in der zu seinem Landsitz führenden Straße mit Reis auszufüllen und mit kostbarer roter Wolle zu bedecken, damit seine Gäste darüberfahren konnten.

Die Unsterblichen schwiegen einen Moment bestürzt, als er geendet hatte. Dann sprang Ti Kuai Li auf. »Wie kann er sich erdreisten, Reis, den die Armen essen könnten, und Wolle, aus der sie sich Kleider machen könnten, so zu vergeuden. Man muß ihm eine Lektion erteilen.«

Damit eilte Ti davon, und auf den Wolken reitend erreichte er bald K'uangs Haus. Dort nahm er die Gestalt eines Bettlers an. Hunderte von Bettlern standen vor dem schwerbewachten Haus. Ti ging zu den Wächtern, hielt ihnen seine Bettlerschale hin und bat sie um etwas zu essen. Lachend schlugen ihn die Wächter auf den Kopf, bis er zusammenbrach. Während er sich hochrappelte, scharrte er eine Handvoll Reis unter dem roten Teppich hervor, doch als die Wächter das sahen, traten sie ihn mit Füßen.

»Gebt mir doch bitte ein wenig von dem Reis für meine hungrigen Kinder«, bettelte Ti, worauf die Wächter erwiderten, ihr Herr würde den Reis eher zertreten lassen, als ihn den Bettlern zu geben, die sein Fest verdarben. Da sagte Ti mit tiefer drohender Stimme: »Die Reichen sollten sich hüten, die Notleidenden zu betrügen und die Armen zu beleidigen.« Wütend schlugen die Wächter auf Ti ein und ließen ihn liegen. Die anderen Bettler eilten zu Ti, halfen ihm auf die Beine und sagten, er solle lieber verschwinden. Doch Ti schwor Rache.

Im Haus hatte das Fest begonnen, und Hunderte von Gästen hatten ihre Plätze eingenommen. Der erste Gang wurde aufgetragen. Man begann zu essen, doch plötzlich wurden die Schüsseln glühend heiß. Einer der Gäste schrie auf, dann ein zweiter und ein dritter. Das Essen in ihren Schüsseln war verfault und voller Maden. Die Diener räumten die Schüsseln schnell ab und brachten den nächsten Gang. Doch kaum standen die Speisen auf dem Tisch, waren auch sie verfault.

Wütend befahl K'uang, den unverschämten Bettler zu holen, denn ihm wurde klar, daß er daran schuld war. An Kopf und Körper blutend trat Ti vor K'uang, versicherte ihm, daß er nur ein gewöhnlicher Bettler sei, und stürzte plötzlich tot zu Boden.

K'uang befahl seinen Wächtern, ihn hinauszutragen und das Fest fortzusetzen. Doch die anderen Bettler, die alles gesehen hatten, liefen zum Bürgermeister, der für seine Redlichkeit bekannt war. Der Bürgermeister machte sich sofort auf den Weg. Als er eintrat, fand er K'uang und seine Gäste in einem Zustand höchster Aufregung vor. Die Wächter waren nicht imstande, Tis Leiche von der Stelle zu bewegen.

Dem Bürgermeister wurde klar, daß hier etwas Merkwürdiges vor sich ging. Er bat einen taoistischen Priester, der sich unter den Gästen befand, die Leiche zu untersuchen. Dieser fand in Tis Tasche einen Zettel mit den folgenden Worten: »Ich möchte nicht, daß K'uang für dieses Verbrechen mit seinem Leben bezahlt. Er soll die Straßen kehren, die von seinem Haus zu all den Städten und Dörfern dieser Provinz führen. Er muß lernen, daß ein Reicher die Armen nicht betrügen darf.«

Da erkannte der Bürgermeister, daß Ti einer der Acht Unsterblichen war. K'uang wurde verhaftet und sein gesamter Besitz konfisziert und an die Armen verteilt. Von diesem Tag an mußte er die Straßen der Provinz kehren. Und Ti? Man hatte ihn, der inzwischen federleicht geworden war, in einen Sarg gelegt. Wegen rechtlicher Schwierigkeiten konnte sein Begräbnis erst nach ein paar Tagen stattfinden. Die Leute, die den Sarg abholten, wurden stutzig, weil er so leicht war. Als sie den Deckel abnahmen, sahen sie, daß nur Tis Kleider darin lagen. Ti selbst war längst zur Brücke der Unsterblichen zurückgekehrt.

Dichter und Weise

Nachdem wir uns mit der Unsterblichkeitslehre beschäftigt haben, wollen wir uns nun den Dichtern, Philosophen und Humoristen zuwenden, die auf ihre eigene charakteristische und oft sarkastische Weise dem Weg des Tao folgten und dadurch die chinesische Kultur geprägt haben, denn mit ihren Taten und vor allem mit dem, was sie geschrieben haben, erlangten sie in der Tat Unsterblichkeit.

Die sieben Weisen

Eine der Lieblingsgeschichten meiner Kinder handelt von Liu Ling. Er lebte von 220 bis 300 n. Chr. und war einer der berühmten oder berüchtigten Sieben Weisen vom Bambushain, einer Gruppe taoistischer Dichter, die im Wein die Harmonie mit der Welt und die Einheit mit dem Tao suchten und deren Nichtstun und Passivität ihre konfuzianistischen Zeitgenossen empörte. Liu Ling hielt sich meist nackt in seinem Haus auf, was als unschicklich galt. Eines Tages suchte ihn eine Gruppe von Konfuzianern auf, um sich über sein Benehmen zu beschweren. Sie wurden in sein Wohnzimmer geführt, in dem ihnen Liu Ling zu ihrem Entsetzen splitternackt gegenübertrat. Als sie ihm vorwarfen, daß er sie ohne Hose empfing, blickte Liu Ling erstaunt drein und sagte: »Das ganze Universum ist meine Stadt, die Welt ist mein Haus, und mein Zimmer ist meine Hose. Was habt ihr in meiner Hose zu suchen?«

Man weiß nicht recht, was man von den Sieben Weisen und anderen Anhängern der Schule des Reinen Gesprächs halten soll. Manchmal glaube ich, daß sie sich einfach über die Konventionen lustig machten, wie es ein noch zynischerer und böserer Dschuang Dsi getan hätte. Zum Beispiel behaupteten einige, Konfuzius sei ein besserer Taoist als Laotse oder Dschuang Dsi. Warum? Weil sie nur über das Nicht-Tun redeten und Konfuzius es wirklich praktizierte. Als man sie darauf hinwies, daß Konfuzius nie darüber redete, erwiderten sie, das zeige nur, wie weit es Konfuzius darin gebracht habe – schon mit anderen darüber zu reden, sei ihm zuviel des Tuns.

Die Sieben Weisen repräsentieren eine andere Dimension. Sie lachten über alle Konventionen, wie die Geschichte von Liu Ling und seiner Hose zeigt, und traten für ihre Abschaffung ein. Ihr bedeutendster Vertreter war Hsi K'ang, ein reicher Mann, der in der Nähe eines Bambushains wohnte, in dem sich die Freunde trafen, um zu trinken, zu diskutieren und Gedichte zu schreiben. Sie suchten den durch die Konventionen auferlegten Bedingungen und Beschränkungen zu entrinnen, indem sie nach authentischen Erfahrungen und nach Unsterblichkeit strebten. Offenbar beschäftigten sich viele von ihnen auch mit inneren Übungen zur Erlangung der Unsterblichkeit und mit alchimistischen Experimenten. Beeindruckend ist vor allem die Ungezwungenheit ihres literarischen Stils und ihre Lebensbejahung, wie sie zum Beispiel im ersten Vers von Liu Lings Hymne an den Wein zum Ausdruck kommt. Es kommen darin viele Begriffe vor, die wir von Laotse oder Dschuang Dsi kennen, doch in einem Kontext, der den einen wohl überrascht und den anderen vermutlich nicht nur überrascht, sondern auch amüsiert hätte.

Er ist ein edler Meister,
Himmel und Erde sind für ihn nur ein Morgen
und die Ewigkeit nur ein Augenblick,
Sonne und Mond sind seine Fenster,
die acht Wüsten sein Hof.
Er geht, ohne Spuren zu hinterlassen,
er wohnt in keinem Haus,
denn der Himmel ist sein Dach und die Erde seine Matte,
und er tut, was ihm gefällt.

(Nach der englischen Übersetzung von Henry Maspero)

Viele Gelehrte sind der Ansicht, daß die Sieben Weisen und andere Dichter und Philosophen des dritten und vierten Jahrhunderts n. Chr. Repräsentanten einer Renaissance des wahren philosophischen Taoismus sind. Ich habe jedoch schon früher darauf hingewiesen, daß dieser sich nie als Schule oder feste Institution verstanden hat, und die Sieben Weisen und ihre Freunde waren keineswegs Laotses der damaligen Zeit. Offenbar waren sie eine gegen das Establishment gerichtete Bewegung, die in der Zeit des Zerfalls der Dynastien nach dem Aufstand der Gelben Turbane entstand – als Reaktion auf den Zusammenbruch der Strukturen und der Autorität. Sie leisteten jedoch keinen aktiven Widerstand, sondern schlugen den Weg des Nicht-Tuns ein. Mit ihrem Eintreten für das Nicht-Tun und das absichtslose Handeln verwirklichten sie natürlich eine These des taoistischen Denkens, doch die Behauptung, sie seien die wahren Erben des »philosophischen Taoismus«, erscheint mir denn doch als eine zu starke Verklärung dessen, was sie wirklich gewesen sind: eine faszinierende Gruppe von Rebellen, die sich gegen alles auflehnte – auch gegen einen großen Teil des philosophischen Taoismus.

Wie schon erwähnt, erlangten sie im Gegensatz zu den meisten Anhängern der verschiedenen anderen Unsterblichkeitsschulen tatsächlich Unsterblichkeit, denn ihre Gedichte über die *condition humain* haben die Chinesen über die Jahrhunderte hinweg angesprochen.

Die Bewegung existierte nicht lange. Hsi K'ang wurde in eine häßliche Ehebruchsaffäre verwickelt und, da er sich weigerte, vor Gericht zu erscheinen und darüber Aussagen zu machen, verhaftet und 262 n. Chr. hingerichtet. Es scheint, daß es auch durch Nicht-Tun und Ablehnung der Konventionen nicht möglich war, der harten Realität eines untergehenden Imperiums zu entrinnen, so daß die Bewegung sich auflöste und nur ihre dichterischen Werke erhalten geblieben sind.

Die Erneuerung des Kosmos

Wenden wir uns dem heutigen Taoismus zu. Der Westen wurde in den vergangenen Jahren von Büchern überflutet, die den Anspruch erheben, Uneingeweihten den Taoismus nahezubringen. Viele dieser Bücher sind von niedrigstem Niveau. Höchst bizarre und lächerliche Theorien wurden mit dem Taoismus verknüpft und persönliche Idiosynkrasien auf ihn projiziert, wodurch er noch obskurer und unbegreiflicher geworden ist. Wenn westliche Menschen diesen Taoismus in China oder im Fernen Osten suchen, finden sie ihn nicht, weil es ihn nicht gibt. Was sie finden, ist ein lebendiger Glaube, dessen Anhänger unter dem Kommunismus der letzten vierzig Jahre mehr gelitten haben als zu irgendeiner anderen Zeit der chinesischen Geschichte. In manchen chinesischen Städten sind von den siebzig oder achtzig taoistischen Tempeln, die es einst gab, nur zwei oder drei übriggeblieben. Die taoistischen heiligen Berge werden immer noch von Hunderten, ja Tausenden von Pilgern besucht, die sich unter Qualen auf den Knien zum Gipfel hinaufschleppen, doch viel größer ist die Zahl der Touristen, die in ihnen nur Ausflugsziele sehen. Es gibt nur noch ein paar Eremiten, die – meist mit meditativen Methoden – nach Unsterblichkeit streben, und einige wenige taoistische Tempel, in denen die Zeit stillzustehen scheint und Mönche die uralten Traditionen aufrechterhalten.

Trotz alledem ist der Taoismus innerhalb der chinesischen Kultur noch sehr lebendig. In vielen Gegenden ist der taoistische »Gemeindepriester« wiederauferstanden, vertreibt Dämonen, führt Beerdigungen durch und vollzieht andere Rituale. Die kommunistischen Machthaber

Traditionelles Begräbnis mit taoistischem Priester

beklagen sich zunehmend über die wachsende Zahl taoistischer Wandermönche, die von Ort zu Ort ziehen und ihre zum Teil recht zweifelhaften Waren und Fähigkeiten anbieten. Am reinsten erhalten geblieben sind die taoistischen Glaubensüberzeugungen und Bräuche im Familien- und Alltagsleben der Chinesen.

Der heutige Taoismus

Nehmen wir eine Durchschnittsfamilie aus Hongkong. Am Morgen, noch vor dem Frühstück, bringt die Familie oder eins ihrer Mitglieder dem Erdgott des Hauses oder der Wohnung eine Opfergabe dar. Diese besteht meist aus ein paar Räucherstäbchen und einem Gebet, manchmal auch etwas Tee und Kuchen. Der Erdgott ist eine rein taoistische Gottheit und verkörpert die Urkraft oder die das Haus bewohnende Gottheit. Alle Vorhaben dürfen nur mit

Erlaubnis des Erdgottes durchgeführt werden. Er ist gegenüber dem Gott des Stadtbezirks für das Wohlergehen der Bewohner des Hauses verantwortlich. Der Gott des Stadtbezirks ist gegenüber dem Stadtgott verantwortlich, dieser gegenüber dem Gott des Landkreises und so weiter. Das taoistische Pantheon spiegelt genau die obrigkeitliche Autorität mit den verschiedenen Stufen der Beamtenhierarchie wider.

Danach wird häufig den Ahnen ein Opfer dargebracht. Die Ahnenverehrung ist älter als der Taoismus, doch das Ritual ist zum größten Teil von taoistischen Ritualen abgeleitet. Wenn die Mitglieder der Familie das Haus verlassen, sehen sie im Almanach nach, was für eine Art von Tag bevorsteht und welche Stunden am günstigsten sind. Der Almanach, der an einer roten Schnur an der Haustür hängt, ist eine riesige Sammlung taoistischer Glaubensgrundsätze, Zauberformeln und Divinationsmethoden. Wenn ein Familienmitglied eine größere Reise oder ein anderes wichtiges Unternehmen vorhat, wird wegen eines geeigneten Datums der Almanach *(T'ung Shu)* zu Rate gezogen.

Die Wohnung oder das Geschäft wird von einem *Feng Shui*-Meister untersucht. *Feng Shui* (wörtlich übersetzt »Wind und Wasser«) ist eine Methode, mit der die ein Grundstück und seine Umgebung beherrschenden Kräfte mit dem Horoskop der darauf lebenden Menschen in Einklang gebracht werden. Durch *Feng Shui* wird nicht nur die Bauweise, sondern auch der Bauplatz bestimmt. Mittels mächtiger taoistischer Formeln, Talismane und Rituale werden böse Kräfte und negative Einflüße unschädlich gemacht.

Auf dem Weg zur Arbeit werden die Familienmitglieder mit ziemlicher Sicherheit Leute sehen, die *T'ai Chi Ch'uan* praktizieren. Diese meditativen Körperübungen werden auf freien Plätzen, in Parks oder auf Bahnsteigen durchgeführt. Durch das in taoistischen Klöstern entwickelte

T'ai Chi Ch'uan wird der freie Fluß der Lebensenergie – des Ch'i – und damit eine Harmonisierung der Kräfte von Yin und Yang im Körper bewirkt.

Ist jemand in der Familie krank, so wird er mit Methoden behandelt, die teils der traditionellen chinesischen, teils der westlichen Medizin entstammen. Die traditionelle chinesische Medizin beruht auf einem dem Taoismus entsprungenen System der Ausgewogenheit der Körperkräfte. Zum Beispiel lehrt der Taoismus, daß der Körper einen Mikrokosmos mit Tausenden von Gottheiten darstellt, welche genau die himmlische Ordnung widerspiegeln. Die Verbindung zwischen dem Taoismus und der traditionellen Medizin ist so eng, daß buddhistische Mönche, um ihre unterschiedliche Identität zu betonen und zu bewahren, keine Medizin praktizieren dürfen.

Nehmen wir an, unsere Familie wird trotz *Feng Shui* von einem Geist belästigt, was in China nicht selten vorkommt. Wahrscheinlich wird sie den örtlichen taoistischen Priester bitten, den Geist zu vertreiben. Ein wahrer taoistischer Meister wird allein anhand der Beschreibung seiner Aktivitäten erkennen, um was für eine Art von Geist es sich handelt, und wissen, welchen Zauber er gegen ihn anwenden muß.

Bei den meisten größeren chinesischen Festen werden taoistische Rituale durchgeführt. Neujahr ist zum Beispiel das Fest des Küchengottes. Diese Gottheit sitzt in der Küche und wacht über das häusliche Leben der Familie. Kurz vor Neujahr wird ein Bild des Gottes verbrannt, um ihn in den Himmel zu schicken.

Schon an diesen kurzen Beispielen kann man sehen, wie taoistische Glaubensüberzeugungen und Vorstellungen das Leben der Chinesen prägen und ihm Sinn verleihen. Zieht man in Betracht, welche Bedeutung die häufig mit einer taoistischen Gottheit – wie etwa Wong Tai Sin – verbundene Wahrsagerei und Divination haben und welche

Rolle die taoistischen Geschichten und Legenden in der Folklore spielen, so erkennt man, daß der Taoismus ein wesentlicher Teil der chinesischen Kultur ist.

Wenn wir uns den heutigen Taoismus betrachten, dann sind vor allem drei Aspekte von Bedeutung, in erster Linie für das chinesische Leben und Denken, aber nicht ausschließlich: das Pantheon der taoistischen Götter, die Priester mit ihrer Aufgabe, die kosmische Ordnung aufrechtzuerhalten, und der Einfluß taoistischer Ideen auf andere Kulturen.

Das taoistische Pantheon

Wenn westliche Menschen, die nur das *Tao te king* gelesen haben, erfahren, daß es im taoistischen Jenseits zehn Höllenfürsten gibt, welche die christliche Hölle als geradezu harmlos erscheinen lassen, sind sie höchst erstaunt. Seltsam erscheint ihnen auch, daß es einen Gott des Reichtums gibt, der das doch offenbar alles andere als taoistische Streben nach Geld und Ruhm unterstützt und in fast jedem chinesischen Kalender erscheint. Das taoistische Pantheon spiegelt auf faszinierende Weise den praktischen Taoismus wider. Wir können uns hier nur mit den Hauptgöttern, vor allem denen Südchinas und der chinesischen Diaspora beschäftigen, doch es lohnt sich, sie näher zu betrachten, vor allem, weil sie für die meisten Chinesen den wichtigsten Aspekt des Taoismus repräsentieren.

Das taoistische Pantheon ist wie das imperialistische System Chinas hierarchisch aufgebaut oder andersherum ausgedrückt, das imperialistische System entspricht der ewigen Ordnung und damit dem schamanistischen Modell der zwei Welten.

An höchster Stelle des Pantheons, doch nicht des theologischen Modells, steht oder besser gesagt thront der Jadekaiser. Mit dem Hinweis, daß er im theologischen Modell nicht die höchste Stelle einnimmt, möchte ich Sie nicht verwirren. Im theologischen Modell des Taoismus steht an der höchsten Stelle des Systems eine Trias. Diese Trias hat im Lauf der Jahrhunderte viele verschiedene Formen angenommen, und auch heute gibt es unterschiedliche Auffassungen darüber, aus welchen Gottheiten sie besteht. Am weitesten verbreitet ist jedoch die Vorstellung von den Drei Reinen, von der es zwei Varianten gibt.

Die Drei Reinen

In der einen Variante ist die oberste Gottheit »der Himmlische Ehrwürdige vom Uranfang«, sozusagen eine Personifizierung des Tao als Ursprung alles Seienden – dessen, was im *Tao te king* »das Eine« genannt wird (s. z.B. 39. Kapitel). Danach kommen der Jadekaiser, auch »Himmlischer Ehrwürdiger des Magischen Juwels« genannt, der erhaltende und beschützende Aspekt des Tao, und schließlich der »Himmlische Ehrwürdige vom Goldenen Tor«, der für den zukünftigen Weg zuständig ist.

Es gibt jedoch noch eine andere Variante dieser Drei Reinen. Auch hier ist die höchste Gottheit der »Himmlische Ehrwürdige vom Uranfang«, der das Tao selbst ist. An zweiter Stelle steht Laotse als Verkünder des Tao und an dritter der (manchmal mit dem Jadekaiser gleichgesetzte) Gelbe Kaiser, die vollkommene menschliche Verkörperung des Tao. Wird der Gelbe Kaiser vom Jadekaiser klar unterschieden, dann steht der Jadekaiser unter den Drei Reinen.

Der Jadekaiser

Der Jadekaiser ist der Herrscher des höchsten Himmels, der alle himmlischen und irdischen Angelegenheiten regelt, jedoch keineswegs allmächtig ist. Es gibt viele Geschichten, die zeigen, wie sein Wille durchkreuzt oder mißachtet wurde. Zum Beispiel lud er, als die Welt noch jung war, alle

Tiere der Welt zu seiner Geburtstagsfeier ein. Zu seiner großen Enttäuschung erschienen nur zwölf, die er zur Belohnung zu den zwölf Tieren des chinesischen Kalenders machte.

Dem Jadekaiser unterstehen jedoch viele Helfer, die seinen Willen durchsetzen. Zu diesen gehören sein Neffe Erh-ling und sein Türhüter Wang. Erh-ling ist, was reine Stärke und Zauberkraft betrifft, wahrscheinlich der mächtigste aller taoistischen Götter. Wenn die himmlischen Generäle versagt haben, übernimmt er das Kommando über die himmlischen Heere. Er ist auch ein hervorragender Magier. Erh-lings Tochter besitzt die Macht, gute Ehen zu stiften.

Wang ist der getreue Bote des Jadekaisers. Er überbringt seine Botschaften, ruft die Geister zusammen und zitiert, wenn nötig, Menschen vor die himmlische Regierung. Deshalb findet man seine Darstellung häufig an den Toren taoistischer Tempel.

Dem Jadekaiser untersteht die himmlische Regierung, welche die irdischen Angelegenheiten regelt. Sie besteht aus Ministerien für Donner und Wind, Reichtum, Literatur, Krieg, Exorzismus, verschiedene Krankheiten und so weiter. Auf einige von ihnen werden wir später zurückkommen.

Die irdische Hierarchie

Diesen Ministerien untersteht die auf Erden und in den Wassern residierende Hierarchie. Die Wasser sind das Reich der Drachenkönige und ihrer Horden. Da gemäß der alten chinesischen Geographie und Kosmologie vier Meere existieren, gibt es vier Drachenkönige. Sie herrschen über die Wasser und ihre Bewohner und stehen mit den Menschen nicht immer auf friedlichem Fuß. Manchmal versuchen die Drachenkönige, sich die Menschen zu unterwerfen, und wenn dadurch Kämpfe entstehen, können diese nur von der himmlischen Regierung geschlichtet werden.

Dies wird gut durch folgende Geschichte veranschaulicht. No-cha (Nez Ha) war der frühreife Sohn eines Kaisers. Ein Unsterblicher hatte ihm verschiedene Fähigkeiten beigebracht. Eines Tages forderte der für das Gebiet zuständige Drachenkönig den Kaiser auf, einige von seinen Untertanen begangene Verbrechen durch ein Menschenopfer wiedergutzumachen und sich damit ihm zu unterwerfen. No-cha war darüber empört, forderte den Drachenkönig zum Kampf heraus und tötete dessen Sohn. Daraufhin drohte der Drachenkönig dem Kaiser, das ganze Land zu verwüsten, wenn er ihm No-cha nicht auslieferte. Der Kaiser gehorchte, und No-cha ging in den Tod, um sein Volk zu retten. Durch Intervention seines unsterblichen Meisters wurde No-cha jedoch als Gottheit wiedergeboren und besiegte den Drachenkönig. Die himmlische Regierung entschied, daß No-cha im Recht war und verwies die Drachenkönige in ihre Schranken.

Die Drachenkönige, die auch die Hüter der Inseln der Unsterblichen waren, wachten eifersüchtig über ihre Macht. Kaiser Ch'in Shih Huang Ti, dem wir schon früher begegnet sind, soll nach einem Zusammenstoß mit ihnen gestorben sein. Er glaubte, daß die Drachenkönige seinen Schiffen den Weg zu den Inseln der Seligen versperrten. Deshalb marschierte er zur Küste und erklärte dem Drachenkönig den Krieg. Als dieser erschien, befahl Ch'in Shih Huang seinen Bogenschützen, auf ihn zu schießen. Verwundet versank der Drachenkönig in den Wogen. In der nächsten Nacht träumte der Kaiser, daß ihn der Drachenkönig beschuldigte, ihn überfallen zu haben, und am Morgen wurde der Kaiser tot aufgefunden.

Das Oberhaupt der irdischen Hierarchie ist der Große Kaiser des Östlichen Gipfels. Der Östliche Gipfel ist der berühmte T'ai Shan, der wichtigste der fünf taoistischen heiligen Berge. Der Große Kaiser untersteht direkt dem Jadekaiser und ist der Herrscher über die Erde und die

Der Große Kaiser des Östlichen Gipfels

Menschen. Als solcher ist er für den gewöhnlichen Gläubigen wichtiger als der Jadekaiser, denn er bestimmt, wann ein Mensch geboren wird, wann er stirbt und in welcher Form er wiedergeboren wird. Es ist ein weitverbreiteter Glaube, daß alle Seelen den T'ai Shan verlassen, um geboren zu werden, und nach dem Tod wieder in ihn zurückkehren. Neben Chang Tao Ling ist der Große Kaiser des Östlichen Gipfel die populärste für Glück und Unglück zuständige Gottheit. Zusammen mit dem Donnergott bieten sie Schutz vor bösen Mächten. Vom Großen Kaiser signierte Zauberformeln sind oft in chinesischen Wohnungen zu finden und im Almanach enthalten. Sie beginnen wie kaiserliche Dekrete mit den Worten »Horche und gehorche« und enden mit dem Satz: »Möge das Gesetz befolgt werden; möge diese Anordnung respektiert und sofort ausgeführt werden.«

Tempel der Götter der Mauern und Gräben

Dem Großen Kaiser untersteht eine große Zahl lokaler Gottheiten, die für die Gebiete der Welt zuständig sind. Sie werden die Götter der Mauern und Gräben genannt und bilden eine eigene Hierarchie – von der Gottheit der Provinz bis zu den Hausgöttern. Sie haben die Aufgabe, das Leben der in ihrem Bereich lebenden Menschen zu überwachen und dem Jadekaiser regelmäßig Bericht zu erstatten, um sicherzustellen, daß die Menschen das ihre tun, um Yin und Yang im Gleichgewicht zu halten.

Die meisten dieser Götter der Mauern und Gräben sind bekannte historische Persönlichkeiten, von denen einige erst vor ein paar hundert Jahren gestorben sind. Der Gott von Peking ist zum Beispiel Yang Chi-sheng. Er war unter der Ming-Dynastie Beamter und wurde 1556 hingerichtet, weil er gegen eine zu hohe steuerliche Belastung der Bevölkerung eintrat.

Ich habe nur kurz die Erdgötter und den Küchengott erwähnt. Diese Gottheiten sind auch heute noch von sehr großer Bedeutung. Das gilt ebenso für zwei andere Haus- oder Geschäftsgötter: die Türgötter. Auch diese beiden finster dreinblickenden Herren basieren auf historischen Vorbildern.

Der T'ang-Kaiser T'ai-tsung (626–649 n. Chr.) wurde eines Nachts von bösen Geistern geweckt, die sein Schlafzimmer verwüsteten. Aus Angst, daß sie wiederkommen könnten, konnte der Kaiser fast nicht mehr schlafen – und tatsächlich suchten sie ihn immer wieder heim. Der Kaiser wurde schwerkrank und war dem Tode nahe. Zwei seiner Generäle, Ch'in Shu-pao und Hu Ching-te, erboten sich, vor seinem Schlafzimmer Wache zu halten und die bösen Geister zu verjagen. Nachdem sie dies viele Nächte lang getan hatten, blieben die Geister aus. Daraufhin befahl der Kaiser, vor seinem Schlafzimmer Bilder der beiden Generäle aufzustellen. So entstand der Brauch, vor den Türen von Tempeln, Wohnungen und Geschäften Bilder von zwei grimmig dreinblickenden, schwer bewaffneten Türgöttern zu postieren.

Es gibt noch vier andere wichtige Gottheiten, mit denen wir uns beschäftigen müssen, bevor wir uns der Unterwelt zuwenden. Die erste ist Ts'ai Shen, der Gott des Reichtums. Er ist leicht zu erkennen, denn man begegnet ihm überall – auf den Kontoauszügen von Banken ebenso wie auf Hausschreinen. Ts'ai Shen trägt die Kleidung eines hohen Mandarins und hält eine Schriftrolle in der Hand, auf der sein Name steht. Vor allem zur Zeit des chinesischen Neujahrsfestes wendet man sich gern an ihn und bittet ihn um ein erfolgreiches neues Jahr. Seine Statue wird wie die des Küchengottes häufig jedes Jahr erneuert, und Pappaufsteller mit seinem Bild kann man überall kaufen.

Die zweite Gottheit – der Gott der Literatur – ist heute nicht mehr von so großer Bedeutung wie in früheren Zeiten, doch sie beweist, wie wichtig den Chinesen Kultur und Bildung sind. In der Zeit des Kaisertums wurde er um Hilfe gebeten, wenn man vor einer der kaiserlichen Kommissionen eine Prüfung ablegen mußte. Heute ist er häufig im Arbeitszimmer von Gelehrten oder auf dem Schreibtisch von Studenten zu finden.

Die nächste Gottheit – Kuan Ti, der Kriegsgott – ist die populärste, und auf ihr Bild stößt man an den unterschiedlichsten Orten – in Tempeln, in Direktionsbüros und Kung-fu-Hallen. Kuan Ti ist nicht nur der Gott des Krieges, sondern er verleiht auch die Kraft zur Erreichung eines moralisch gerechtfertigten Zieles. Seine Lebensgeschichte zeigt auf faszinierende Weise, wie im Taoismus ein Mensch zum Gott werden kann.

Kuan Ti war der am Ende der späten Han-Dynastie und zu Beginn der Drei Reiche (ca. 180–225 n. Chr.) in der Provinz Shansi lebende General Kuang Chung. Ironischerweise war es der von den Taoisten unterstützte Aufstand der Gelben Turbane, der ihn zum ersten Mal die Waffen ergreifen ließ. Zusammen mit zwei Kameraden gelobte er, die Ordnung wiederherzustellen, die Gelben Turbane zu besiegen und den Armen zu helfen. Infolge eines Verrats um 220 n. Chr. ermordet, wurde er bald zur Hauptfigur vieler Volkssagen – eine Art Mischung aus Robin Hood und König Arthus – und im Lauf der Jahrhunderte zu einer weithin verehrten Gestalt. 1120 n. Chr. wurde er posthum zum Herzog ernannt, 1128 zum Fürsten. Im vierzehnten Jahrhundert wurde ihm der Titel Kriegsfürst und Bringer der Zivilisation verliehen. Im Jahr 1594 wurde er zum Gott erhoben. So wurde aus Kuan Chang der Kriegsgott Kuan Ti, der bis zum heutigen Tag zusammen mit seinen beiden Kameraden von den Chinesen verehrt und angerufen wird.

Schließlich gibt es noch die Kaiserin des Himmels, die jedoch nicht die Gemahlin des Jadekaisers, sondern eine Meeresgöttin ist. Sie ist ebenfalls eine historische Persönlichkeit, die wegen der Wirksamkeit der an sie gerichteten Gebete zur Gottheit erhoben wurde. Sie hat viele Marineangehörige und kaiserliche Prinzen vor dem Tod auf See gerettet und wird vor allem von den Bewohnern der chinesischen Küstenregionen verehrt.

Die zehn Höllenkönige

Im Taoismus gibt es zehn Höllenkönige, deren höchster König Yama ist. Sein Bild dürfte in China das am häufigsten vervielfältigte sein, denn es befindet sich auf den Geldscheinen der Höllenbank, die Tag für Tag zu Millionen verbrannt werden. Dieser Brauch beruht auf dem Glauben, daß der Höllenkönig wie manche irdische Beamte bestechlich ist und daß man sich bestimmte Begünstigungen verschaffen kann, wenn man für die Toten in der Höllenbank Geld anlegt. Deshalb werden bei Begräbnissen, zu Neujahr und während des Ching-Ming-Festes riesige Mengen dieser bunten Geldscheine verbrannt.

Bevor wir uns mit den verschiedenen Höllen beschäftigen, seien einige der Strafen erwähnt, die den Sünder in ihnen erwarten. Er wird gehäutet, unter Ungeziefer begraben, von Tieren abgenagt, an eine glühende Säule gebunden, auf ein brennendes Bett gelegt, unter hölzernen Säulen begraben, aufgeschlitzt, zerhackt und den Hunden zum Fraß vorgeworfen und dergleichen mehr. Die taoistische Hölle ist also ebenso schrecklich wie die westliche – wenn nicht noch schrecklicher.

Jede Hölle wird von einem König regiert, der zugleich oberster Richter ist. Der König der ersten Hölle ist Ch'in-kuang. Sowie eine Seele die Hölle betritt, spricht er sein Urteil. Wer ohne Fehl ist, wird in seiner neuen Form gleich auf die Erde zurückgeschickt. Die anderen müssen sich auf ihren langsamen, schrecklichen Weg durch die Hölle machen. Zuerst müssen sie vor den Spiegel des Bösen treten, in dem ein Gesicht nach dem andern erscheint und den Toten anklagt. Es sind die Seelen aller Lebewesen – Tiere wie Menschen –, die der oder die Betreffende während seines oder ihres Lebens auf Erden getötet hat. Auch alle Selbstmörder werden von König Ch'in-kuang auf die Erde zurückgeschickt, denn indem sie sich das Leben nahmen, haben sie den himmlischen Mächten vorgegriffen. Deshalb werden sie als Geister auf die Erde zurückgeschickt und müssen dort die ihnen vom Himmel bestimmte restliche Zeit verbringen. In dieser Hölle gibt es auch einen besonderen Platz für Mönche, die zu wenig gebetet haben. In einem finsteren Raum müssen sie alle unterlassenen Gebete nachholen.

Der König der zweiten Hölle ist Ch'u-chiang. Diese Hölle hat sechzehn Abteilungen, die für Ehebrecher, schlechte Ärzte und jene, die Tieren oder Menschen Schaden zugefügt haben, vorgesehen sind.

Sung-ti ist der Herrscher der dritten Hölle. In ihr müssen verlogene Beamte, übellaunige Frauen und ungehorsame Sklaven büßen – mit anderen Worten all jene, die gegen die vom Konfuzianismus beeinflußten Regeln der kindlichen Ergebenheit und des Gehorsams verstoßen haben.

König Wu-Kuan ist der Regent der vierten Hölle, in die Schwindler und Betrüger kommen.

In die fünfte Hölle, deren Herrscher König Yama ist, kommen jene, die gegen religiöse und moralische Gesetze verstoßen haben oder mit Prostitution zu tun hatten. Ihre Strafe ist besonders schrecklich, denn ihnen wird vor Augen geführt, welches Unglück sie auf Erden durch ihre bösen Taten angerichtet haben. Erst danach müssen sie die üblichen entsetzlichen Qualen durchmachen.

Der König der sechsten Hölle ist Pen-ch'eng. In diese Hölle kommen jene, die die Namen, Bilder oder Fähigkeiten der Götter mißbraucht haben.

T'ai-shan Chun ist der König der siebenten Hölle. In sie kommen Grabschänder, Kannibalen oder Menschen, die ihre Dienstboten schlecht behandelt haben.

Die achte Hölle, über die König P'ing-teng herrscht, ist für jene bestimmt, die ihre Kindespflichten nicht erfüllt haben, vor allem für Söhne, die sich gegen ihre Eltern aufgelehnt haben.

Die neunte Hölle, die König Tu-shih regiert, ist die schrecklichste. In sie kommen die Selbstmörder, die die ihnen bestimmte Zeit auf Erden nicht absolviert haben. In der Stadt der Selbstmorde, aus der es kein Entrinnen gibt, müssen sie ihren Selbstmord immer und immer wieder durchleben. Auch Menschen, die Abtreibungen durchgeführt haben, sowie Verfasser und Leser obszöner Literatur kommen in diese Hölle.

Der zehnte König ist Chuan-lun. Ihm untersteht keine Hölle, sondern er ist für das Rad der Wiedergeburt verantwortlich. Er entscheidet, in welcher Form die Wiedergeburt stattfindet. Die Seele, die wiedergeboren werden soll, muß einen suppenartigen Trank zu sich nehmen, der sie ihr voriges Leben und die Qualen der Hölle vergessen läßt.

Es gibt nicht viele Tempel, in denen Schreine oder auch nur Statuen aller zehn Höllenkönige stehen, doch sind sie oft auf Transparenten und Wandteppichen abgebildet, die in taoistischen Tempeln hängen. Bei besonderen Festen, zum Beispiel beim Fest der Hungrigen Geister, werden sie hervorgeholt und ausgestellt. Das Fest der Hungrigen Geister findet etwa alle zehn Jahre statt. Riesige Schreine und Tempel werden errichtet, und Geistern, um die sich keine

Die Drei Glücksgötter

Familien kümmern, werden Lebensmittel und Geld geopfert, um sie auf ihrem Weg durch die Höllen damit zu versorgen. Tut man dies nicht, so suchen sie die Lebenden heim und bringen ihnen Unglück.

Die Drei Glücksgötter

In fast jeder chinesischen Wohnung, an fast jedem Arbeitsplatz, in Restaurants und Vergnügungslokalen findet man Statuen der Drei Glücksgötter. Sie sind leicht zu erkennen. Am merkwürdigsten sieht der kleinste aus, ein Mann mit einem riesigen kahlen Kopf, der einen knorrigen Stock und einen Pfirsich in den Händen hält. Er ist der Gott der Langlebigkeit. Manchmal sitzt er auf einem Kranich, ebenfalls ein Symbol der Langlebigkeit. Neben ihm stehen der Gott der Glückseligkeit, der wie ein hoher Beamter gekleidet ist, und der Gott des Erfolges, ein gütig dreinblickender Herr in ziviler Kleidung. Diese drei Götter sollen jenen, die sie verehren, großes Glück bringen, und ihre weite Verbreitung deutet darauf hin, daß viele Menschen große Hoffnungen in sie setzen.

Wong Tai Sin

Neben diesen Hauptgöttern gibt es in jeder Region eine besondere Gottheit, die aus verschiedenen Gründen sehr populär ist. Ein gutes Beispiel dafür ist Wong Tai Sin, der in Hongkong überaus beliebt ist. Der ihm geweihte riesige Tempel in Kaulun kündet von seinem Ruhm und seiner Macht. Ein wichtiger Aspekt des besonderen Kultes für Wong Tai Sin ist die Divination. Ein mit hundert numerierten Stäbchen gefüllter Bambuskorb wird so lange kräftig geschüttelt, bis ein Stäbchen herausfällt, und die darauf stehende Zahl wird gedeutet. Wong Tai Sins Aussagen und ihre Deutungen ähneln stilistisch stark denen des *I Ging* und des *Tao te king.*

Der Wong Tai Sin-Kult in Hongkong entstand im Jahr 1915, als ein Vater und sein Sohn ein Bild der Gottheit aus der Nähe von Kanton mitbrachten. 1921 wurde es aus einem kleinen Tempel auf der Insel Hongkong auf die Halbinsel Kaulun gebracht. Anfangs war der Tempel nur für die Mitglieder einer speziellen Gesellschaft bestimmt, doch seit 1956 ist er allgemein zugänglich und entwickelte sich schnell zu einem der beliebtesten Tempel. Es ist ein typischer taoistischer Tempel, denn außer dem Wong Tai Sin geweihten Schrein in der Haupthalle enthält er auch Konfuzius und Buddha geweihte Schreine. Hier ein Auszug aus Wong Tai Sins Autobiographie:

Meine frühe Kindheit verbrachte ich als Hirtenjunge im Kim Hwa-Gebirge nördlich der Stadt Kim Hwa in der

Provinz Chekiang ... Meine Hütte stand auf dem Berg der Roten Kiefern im nördlichen Teil des Kim Hwa-Gebirges. Dieser Berg, dicht bewaldet und oft in Wolken und Nebel gehüllt, wurde selten von Fremden besucht ...

Armut und Hunger zwangen mich, mir schon im Alter von fünf Jahren als Hirtenjunge mein tägliches Brot zu verdienen. Mit fünfzehn Jahren hatte ich das Glück, von einer Fee auserwählt zu werden, die mich zu einer Höhle führte, in der ich die Kunst erlernte, durch neunfache Läuterung von Zinnober ein Unsterblichkeitselixier zu gewinnen. Vierzig Jahre lang lebte ich in Abgeschiedenheit von der übrigen Welt, bis mein Bruder sich auf die Suche nach mir machte. Seine ersten Versuche, mich zu finden, waren vergeblich, doch mit Hilfe eines Hellsehers gelang es ihm, mich ausfindig zu machen. Mein Bruder fragte mich, wo die mir anvertrauten Schafe seien, und ich sagte ihm, sie seien östlich des Kim Hwa-Gebirges. Als wir ankamen, waren zu seiner Überraschung nur weiße Felsblöcke zu sehen, die sich auf meinen Befehl schnell in Schafe verwandelten. Diese Demonstration meiner Fähigkeiten beeindruckte ihn so sehr, daß auch mein Bruder alles daran setzte, Unsterblichkeit zu erlangen.

(Aus einer Informationsschrift des Sik Sik Yuen-Sekretariats, Januar 1983).

Über die Acht Unsterblichen brauche ich nicht mehr viel zu sagen, denn wir haben uns bereits mit ihnen beschäftigt (siehe Seite 139). Es sei nur darauf hingewiesen, daß sie noch heute sehr wichtige Gottheiten sind und daß fast jeder Chinese Geschichten über sie kennt. Ihr anarchistisches Verhalten, ihr Eintreten für die Armen und Unterdrückten, ihre Kritik an den Reichen und Mächtigen und ihr Gespött über die Konventionen erinnern daran, daß der Taoismus immer einen subversiven und politischen Aspekt hatte, der leicht übersehen wird. Die Botschaft der Unsterblichen lautet: Lacht über die Dünkelhaften, kümmert euch um die Armen und hütet euch vor den Scheinheiligen!

Die Erneuerung des Kosmos

Nachdem wir uns – wenngleich auf sehr unzureichende Weise – mit den taoistischen Göttern befaßt haben, wollen wir uns nun einem anderen bedeutenden Bereich des Taoismus zuwenden: der Erneuerung und Harmonisierung des Kosmos. Da sich der Westen hauptsächlich mit den philosophischen Aspekten des Taoismus beschäftigt, hat er den auf die Erneuerung des Kosmos gerichteten taoistischen Ritualen wenig Beachtung geschenkt. Es ist erstaunlich, daß man in einer Zeit, in der die alten Traditionen der Ureinwohner Australiens und Südamerikas wiederentdeckt werden, die zahlreichen, viele Denkanstöße bietenden Kulte des Taoismus nicht näher erforscht, vor allem, wenn man bedenkt, daß die Hauptaufgabe der taoistischen Priester auch heute noch darin besteht, Rituale durchzuführen, die eine ständige Erneuerung des Kosmos bewirken sollen. Diese Rituale dienen dazu, gemäß den Gesetzen des Tao die Ausgewogenheit von Yin und Yang und eine harmonische Beziehung zwischen Himmel, Erde und Mensch herzustellen und zu bewahren. Erfüllt der Mensch diese ihm nach taoistischer Auffassung gestellte Aufgabe nicht, so werden auf Erden Chaos und Unordnung ausbrechen, und die Welt, wie wir sie kennen, wird untergehen. Vieles, womit wir uns in diesem Kapitel beschäftigt haben, bekommt, wenn man es in diesem Kontext betrachtet, einen tieferen Sinn.

Im Zusammenhang mit der Entwicklung der taoistischen Schulen zwischen dem zweiten und zehnten Jahrhundert n. Chr. haben wir rituelle Methoden verschiedener Traditionen zur Erneuerung des Kosmos kennengelernt.

So gut wie alle größeren Schulen existieren in der einen oder anderen Form noch und führen ihre sich alljährlich wiederholenden Rituale durch. Die Meinungsverschiedenheiten zwischen diesen Schulen sind noch genauso krass wie vor tausend Jahren, obwohl sie viel voneinander entlehnt haben. Dem taoistischen Laien ist das nicht wichtig. Er weiß, daß er durch die Rituale und durch magische Praktiken auf den Kosmos einwirken, den Toten zur Wiedergeburt oder zur Erlösung verhelfen, für das Wohlergehen seiner Familie sorgen oder böse Kräfte besiegen kann. Der taoistische Priester bringt die kosmischen Kräfte in Einklang mit den Gesetzen des Tao.

Die Vorstellung, daß die richtige Einstellung gegenüber der Welt durch Rituale erlangt und gefördert werden kann, ist keine Besonderheit des Taoismus. In unterschiedlichen Formen findet sie sich in vielen Religionen, bei den australischen Aborigines ebenso wie in der griechisch-orthodoxen Kirche. Leider ist hier nicht genug Zeit und Raum, um auf diese taoistischen Rituale näher einzugehen, denn sie sind sehr lang und kompliziert. Deshalb möchte ich nur ein Beispiel anführen: das Ritual der Rückkehr zur Einheit.

Das 42. Kapitel des *Tao te king* enthält die berühmten Zeilen, in denen die Grundlagen der taoistischen Kosmologie zusammengefaßt sind:

Der SINN (das Tao) erzeugt die Eins.
Die Eins erzeugt die Zwei.
Die Zwei erzeugt die Drei.
Die Drei erzeugt alle Dinge.

Im Ritual der Rückkehr zur Einheit geht der taoistische Priester von der Realität – der Existenz aller Dinge – aus rückwärts. Durch einen komplizierten Prozeß der Läuterung begibt er sich, ausgehend vom Wissen und von der Erfahrung, daß alle Dinge *sind,* zu ihren Wurzeln in der

Drei. Die Drei stellt hier die Drei Reinen dar, die drei manifesten Formen des Tao: der Himmlische Ehrwürdige vom Uranfang, Laotse und entweder der Jadekaiser oder der Himmlische Ehrwürdige vom Goldenen Tor. Da nach den Lehren des Taoismus der menschliche Körper ein Mikrokosmos ist, können diese drei Gottheiten durch Meditation und Rituale auch im menschlichen Körper entdeckt werden. Sie wohnen im Unterbauch. Die Drei versinnbildlicht auch die drei Grundlagen des Lebens: Atem, göttlicher Geist und Lebenskraft. Aus diesen entstehen die fünf Elemente – Holz, Feuer, Erde, Metall und Wasser –, aus denen alles Lebendige besteht.

Von der Drei geht der Priester zurück zur Zwei. Die Zwei ist Himmel und Erde oder nach anderer Auffassung Yin und Yang. Aus ihrer Interaktion entstehen die Essenzen des Lebens – die Drei. Ihr Sitz ist in der Mitte des Körpers, und sie können durch Meditation und Rituale entdeckt werden.

Von der Zwei geht der Priester zurück zu dem Einen. Das Eine ist der Ursprung des Lebens – der Atem, das Äußere Ch'i. Es durchdringt und belebt alle Dinge und kann als reine Energie bezeichnet werden. Der Sitz des Ch'i, der reinen Energie, befindet sich im Kopf.

Wenn die kosmologischen Stadien der Reihe nach durchlaufen und im eigenen Innern entdeckt wurden – ein Prozeß, der viele Jahre dauern kann –, kehrt der taoistische Priester zur tiefsten Wurzel zurück, zum Tao selbst. Sinn dieses Prozesses ist es, den Kosmos bewußt zu machen, dadurch seine Teile zu revitalisieren und ihre Beziehung zueinander – sowohl im Kosmos als auch im Innern – zu stärken. Durch dieses Ritual wird die Einheit zwischen dem Seienden und dem Höchsten durch den Priester wiederhergestellt.

Der Einfluß des Taoismus

Der Einfluß des Taoismus geht heute weit über die chinesische Welt hinaus. Taoistische Begriffe, Worte und Metaphern wurden in das westliche Vokabular aufgenommen und werden häufig auf völlig unrichtige Weise verwendet. Mit dem Begriff Tao werden die verschiedensten alternativen Einstellungen und Vorstellungen in Beziehung gebracht und aufgewertet – vom berühmten Tao der Physik bis zum Tao der Computertechnologie. Vieles davon hat nur wenig oder gar nichts mit dem lebendigen und historischen Glauben zu tun, mit dem wir uns beschäftigt haben, und das Wort Tao hat sich innerhalb der westlichen Kultur zu einem eigenständigen Begriff entwickelt. Wer im Taoismus einen lebendigen Glauben sieht, steht vor der Frage, ob man diese Entwicklung als Expansion des Taoismus betrachten kann.

Ich muß gestehen, daß ich in dieser Hinsicht geteilter Meinung bin. Einerseits finde ich es ärgerlich, daß der Taoismus von Autoren esoterischer Bücher, die kein einziges chinesisches Schriftzeichen kennen und deren Kenntnis des Taoismus lediglich darauf beruht, daß sie eine Übersetzung des *Tao te king* gelesen haben, auf diese Weise ausgebeutet wird. Es besteht immer die Gefahr, daß man sich aus einer Lehre das heraussucht, was man tröstlich und beruhigend findet, doch wirklichen Zugang zu ihr kann man so nicht finden. Der Taoismus in seinen vielfältigen historischen, philosophischen und praktischen Manifestationen hat uns, deren Kultur von Individualismus, Machtstreben, dualistischem Denken und Materialismus bestimmt ist, viel Bedenkenswertes zu sagen. Manches davon ist schmerzlich, herausfordernd und unangenehm. Und es kann nicht in ein paar Tagen oder Wochen begriffen werden. Es erfordert eingehendes Studium, Nachdenken, Meditation, Üben und die Bereitschaft, immer wieder von vorn anzufangen. Glauben Sie niemandem, der behauptet, der Taoismus sei leicht zu verstehen. Denken Sie an Liä Dsi, der nach jahrelangen Bemühungen vor dem Nichts stand (siehe Seite 80).

Leider ist der westliche Mensch nur selten bereit, die Zeit aufzubringen, die nötig ist, um sich wirklich in den Taoismus zu vertiefen und sich mit seinen Erkenntnissen auseinanderzusetzen. Wenn wir uns nur das heraussuchen, was wir zu verstehen glauben, was uns anziehend erscheint oder uns beruhigt, lassen wir uns die Möglichkeit einer bewußtseinsverändernden Auseinandersetzung entgehen.

Vielleicht findet zur Zeit ein Verwandlungsprozeß statt, aus dem bestimmte taoistische Begriffe und Metaphern, Erkenntnisse und Praktiken in einer neuen Form hervorgehen, die mit dem ursprünglichen Glauben in seinen historischen Ausprägungen nur wenig zu tun hat. Möglicherweise werden dadurch einige der ewigen Wahrheiten und Erkenntnisse, die der Taoismus verkündet, dem westlichen Mensch leichter zugänglich. Dies ist schließlich im religiösen Leben immer wieder geschehen. Ein klassisches Beispiel dafür ist die Verwandlung des Buddhismus in China. Eine Religion kann nur lebendig bleiben, wenn sie sich den Gegebenheiten anpaßt. Wichtig ist jedoch, daß der Glaube fähig ist, sowohl sich selbst als auch die Gesellschaft zu verwandeln. Manchmal ist der Taoismus, der dabei herauskommt, so verwässert und individualistisch, daß er keinen Sinn mehr in sich trägt.

Ich glaube, daß wir in unserer heutigen Welt auf vielerlei Weise aus taoistischen Erkenntnissen Nutzen ziehen könnten. Die Verbundenheit mit der übrigen Schöpfung, die so stark in den Ritualen zur Erneuerung des Kosmos und in den kosmologischen Modellen des Taoismus zum Ausdruck kommt, könnte uns angesichts der gegenwärtigen Umweltkrise zu einer neuen Einstellung gegenüber der Natur verhelfen. Wenn wir begreifen, daß Yin und Yang zwei gleichberechtigte, doch entgegengesetzte Kräfte symbolisieren, könnte uns dies helfen, Konflikte zu lösen. Die Idee, Ziele durch Nichttun zu erreichen, könnte ein dringend nötiges Gegengewicht zu dem in unserer Kultur so häufigen Erfolgsstreben bilden. Vielen Menschen könnten die Medizin und die körperlichen Übungen des Taoismus Gesundheit und Wohlbefinden bringen. Durch eine tiefergehende und gründlichere Auseinandersetzung mit dem Taoismus können wir größere Klarheit über die Dinge gewinnen, die uns in unserer eigenen Kultur und unserem eigenen Glauben wertvoll sind, und lernen, mit den taoistischen Symbolen, Mythen, Glaubensüberzeugungen und Werten besser umzugehen.

Quellen

Wilhelm, Richard (Übers.): *Tao te king*, Düsseldorf/Köln, 1978 (Erweit. Neuausg.)

–: *I Ging. Das Buch der Wandlungen*, Düsseldorf/Köln, 1956 (Neuausg.)

–: *Dschuang Dsi. Das wahre Buch vom südlichen Blütenland*, Düsseldorf/Köln, 1969 (Erweit. Neuausg.)

–: *Liä Dsi. Das wahre Buch vom quellenden Urgrund*, Düsseldorf/Köln, 1981 (Neuausg.)

Kaltenmark, Max: *Lao-tzu und der Taoismus*, Frankfurt/M., 1981

Schuhmacher, Stephan und Woerner, Gert (Herausg.): *Lexikon der östlichen Weisheitslehren*, Bern/München/Wien, 1986

Weiterführende Literatur

Beky, Gellert: *Die Welt des Tao,* Freiburg/München, 1972
Blofeld, John: *Das Geheime und das Erhabene. Mysterien und Magie des Taoismus,* München, 1985
Cooper, J. C.: *Der Weg des Tao,* Bern, 1977
Eberhard, Wolfram: *Lexikon chinesischer Symbole,* Köln, 1983
Granet, Marcel: *Das chinesische Denken,* München, 1963
–: *Die chinesische Zivilisation,* München, 1976
Lu K'uan Yü: *Geheimnisse der chinesischen Meditation,* Zürich, 1967
Porker, Manfred: *China – Konstanten im Wandel,* Stuttgart, 1978
Rawson, Philip u. Legeza, Laszlo: *Die Philosophie von Sein und Werden,* München/Zürich, 1974
Schluchter, Wolfgang: *Max Webers Studien über Konfuzianismus und Taoismus,* Frankfurt/M., 1982
Simbriger, Heinrich: *Geheimnis der Mitte. Aus dem geistigen Vermächtnis des alten China,* Düsseldorf/Köln, 1961
Twam, Kim: *Geheime Übungen taoistischer Mönche,* Freiburg, 1982
Watts, Alan: *Der Lauf des Wassers. Eine Einführung in den Taoismus,* Bern, 1976
Wilhelm, Helmut: *Sinn des I Ging,* Düsseldorf/Köln, 1972
–: *Die Wandlung. Acht Essays zum I Ging,* Zürich, 1958
Wing, R. L.: *Das Arbeitsbuch zum I Ging,* Düsseldorf/Köln, 1984
Zenker, E. V.: *Der Taoismus der Frühzeit,* Wien, 1941
Zöller, Josephine: *Das Tao der Selbstheilung,* Bern, 1984